АННА АХМАТОВА:

/ СТИХИ
/ ПЕРЕПИСКА
/ ВОСПОМИНАНИЯ
/ ИКОНОГРАФИЯ

сост.
Э. Проффер

Ардис / Анн Арбор

Copyright © 1977 by Ardis.
ISBN 0-88233-242-2 (Cloth).
ISBN 0-88233-243-0 (Paperback).
Published by Ardis, 2901 Heatherway,
Ann Arbor, Michigan 48104.

Инна Эразмовна Стогова, мать Ахматовой

Мать Ахматовой

Виктор Горенко (брат) и Анна

Андрей Горенко (брат Ахматовой)

Ахматова, 10-е годы

Ахматова, 10-е годы

1911-12

Ахматова, рисунок Модильяни, Париж 1911

Ахматова, Царское село,
около 1916 г.

Ахматова, 1916

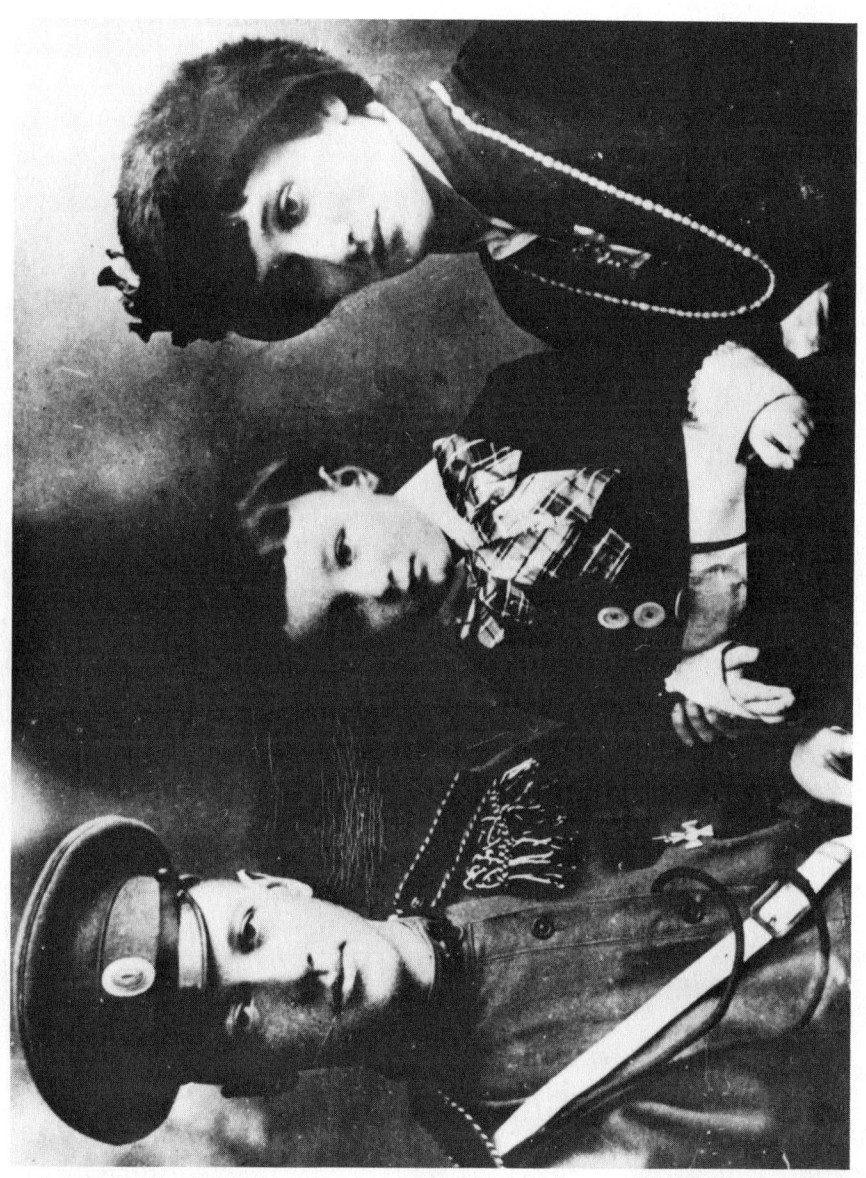

Николай Гумилев, сын Лев, жена Анна

Николай Гумилев

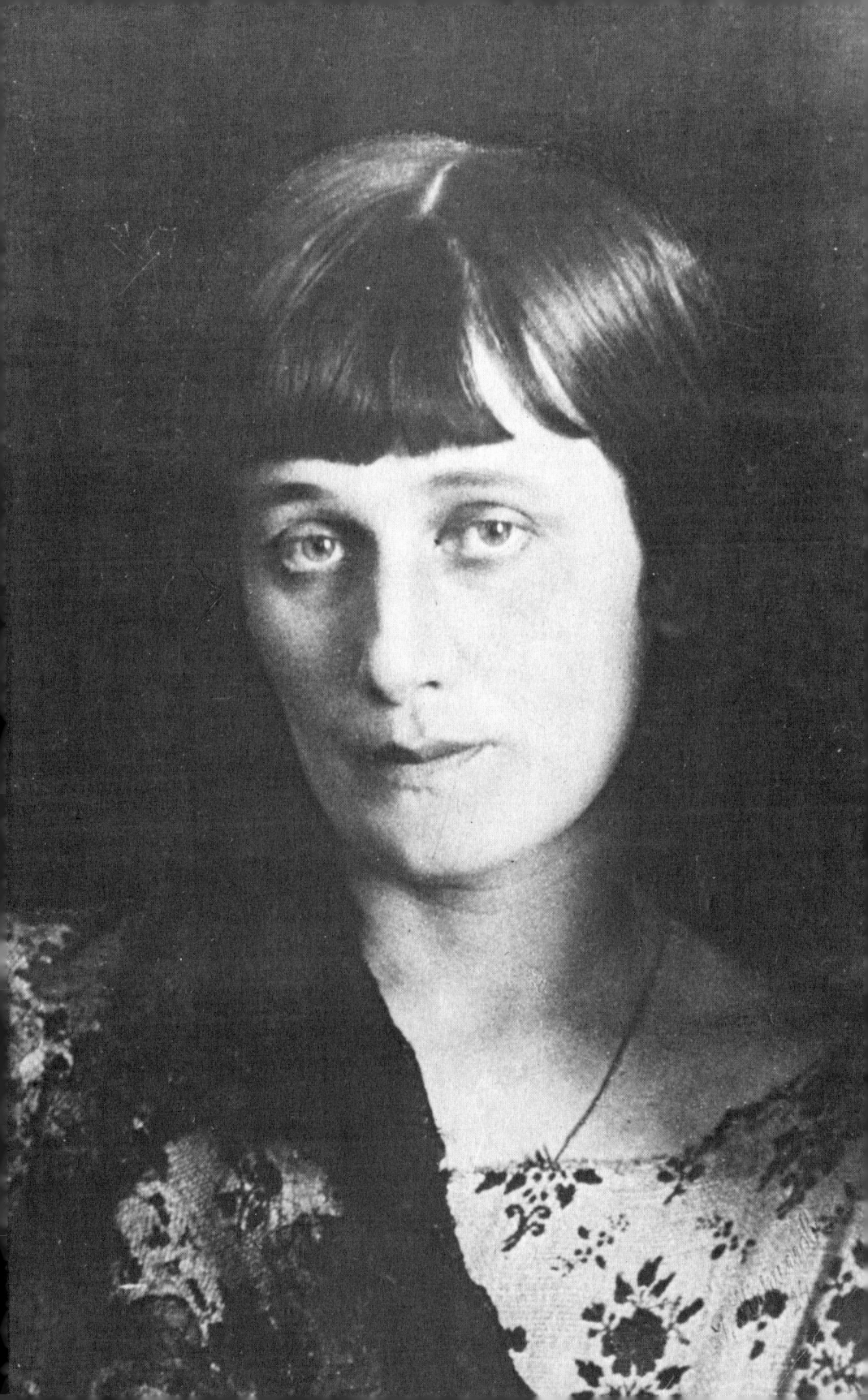

Ахматова и Ольга Судейкина, 1924.

справа: Ахматова, 1924
фото М. Наппельбаума.

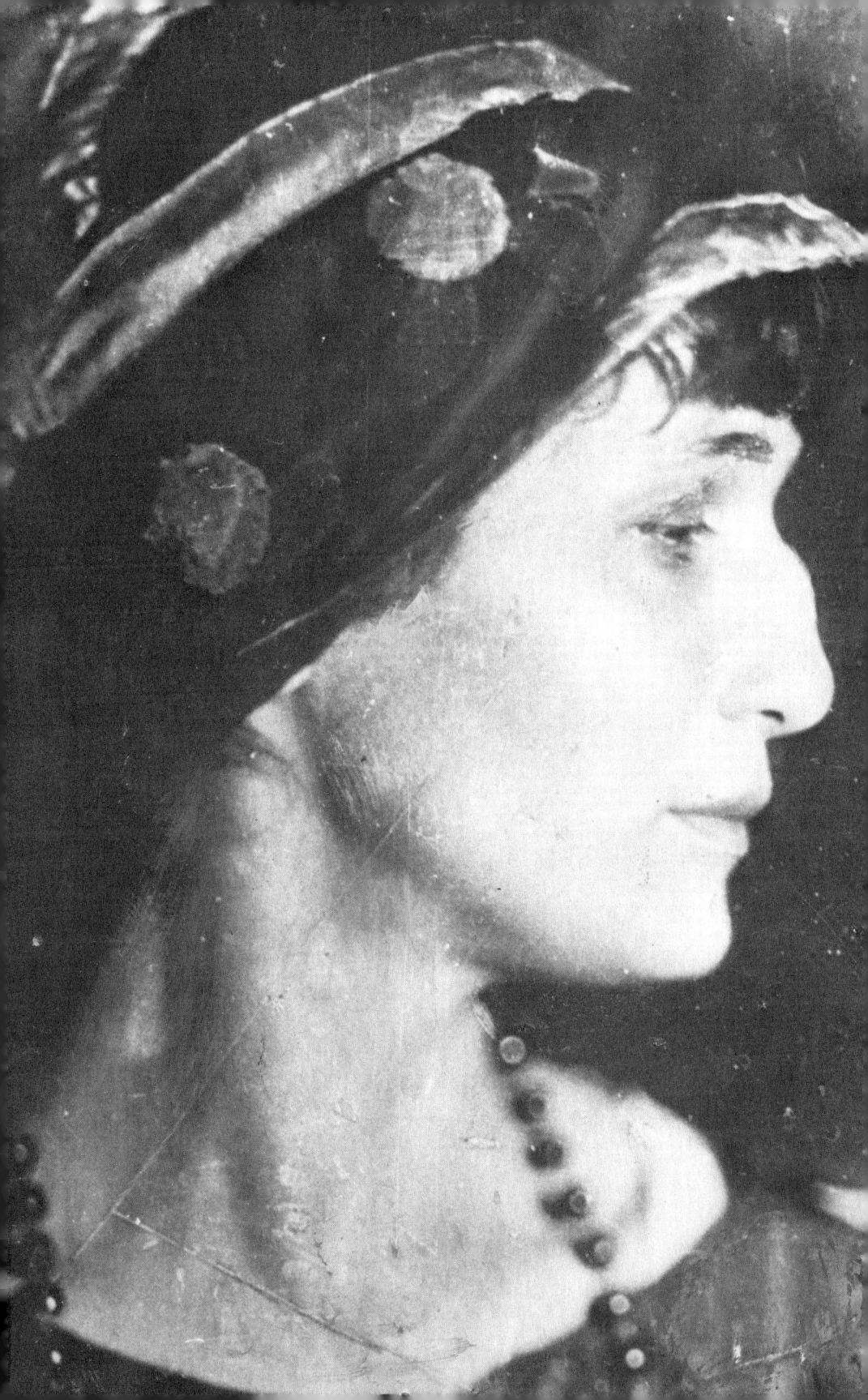

1920-е годы, фото
Наппельбаума

1924

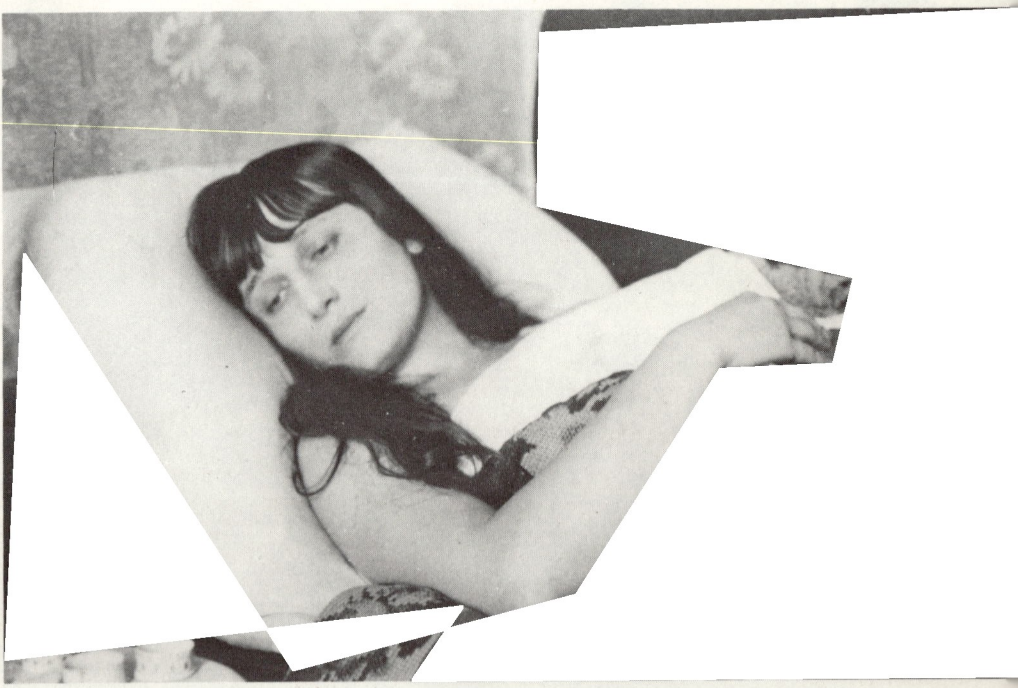

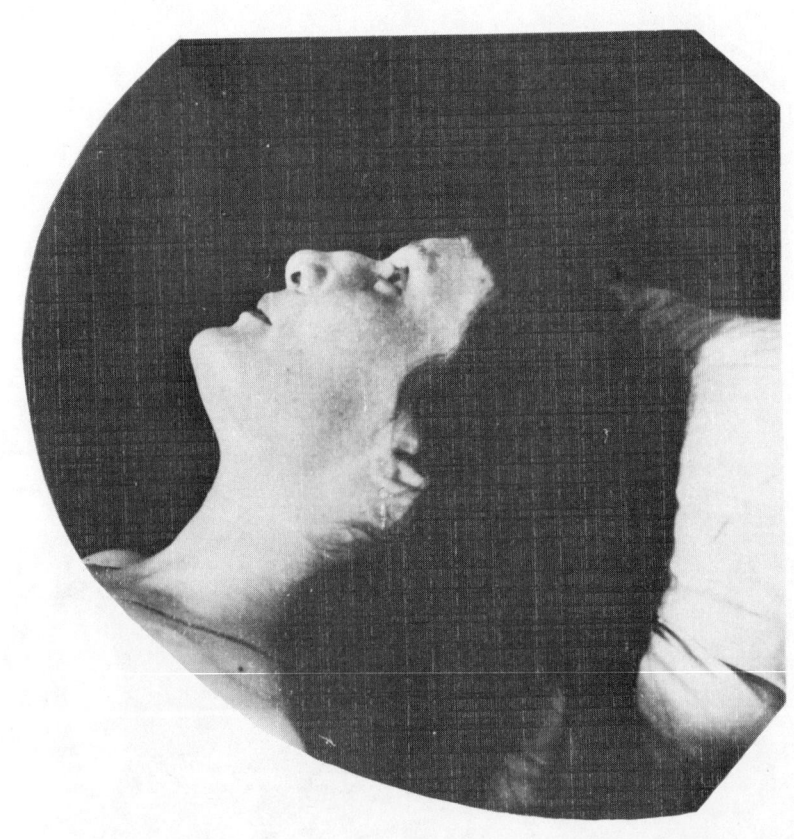

Ахматова, 1920-е годы

сверху: с фотографии 20-х или 30-х годов
справа: 20-е годы, фото Наппельбаума

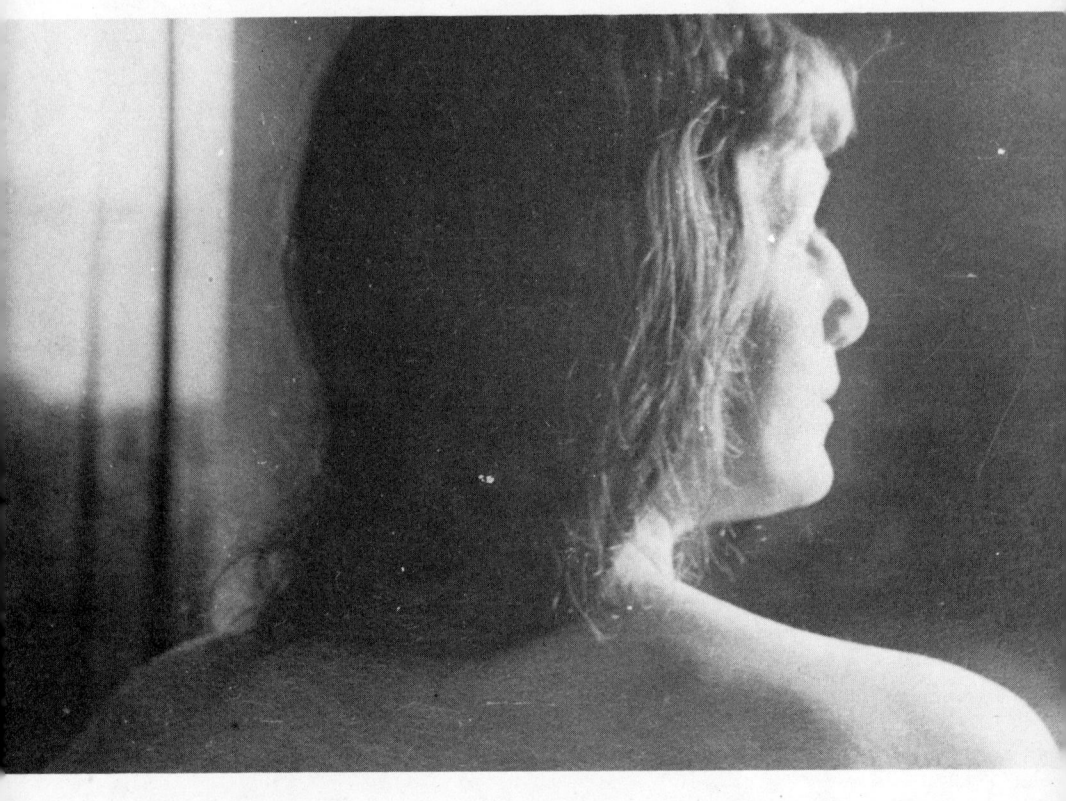

Ахматова, 1920-е годы

Фото Наппельбаума

Фото Наппельбаума

Ахматова, Николай Пунин, 1926

Ахматова, 1930-е годы. Фото Наппельбаума.

Е. Я. Хазин, Мария Петровых, ? , Надежда Мандельштам, Осип Мандельштам, Ахматова
Москва, 1934

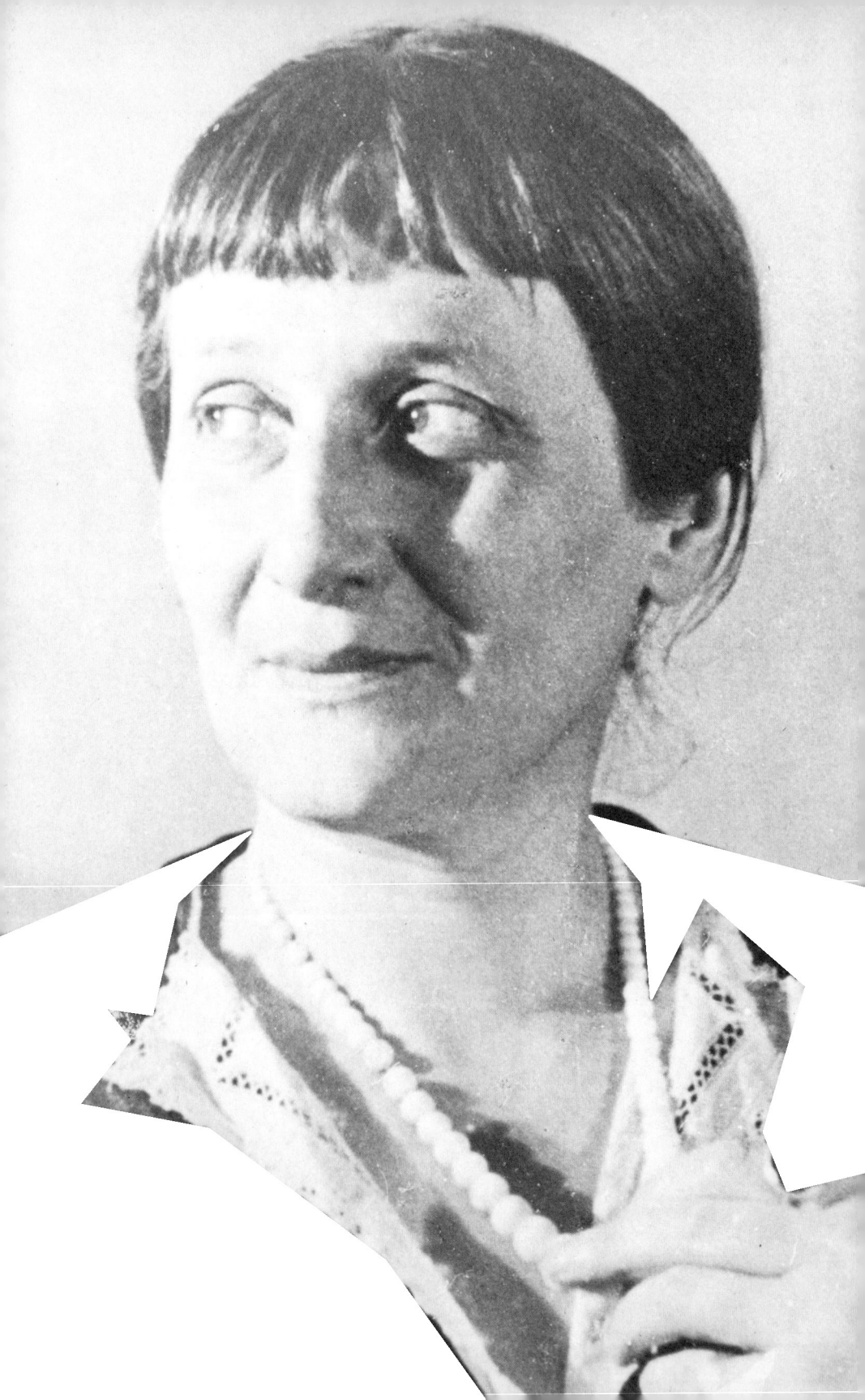

Ахматова, конец 30-х годов

Ахматова,
конец 30-х годов

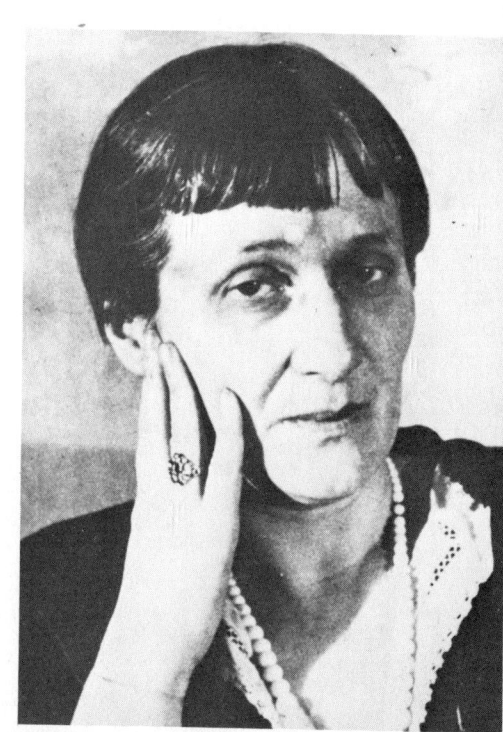

Ахматова, Б. Л. Пастернак

Рисунок Тышлера, Ташкент 1943

№ 44
Ф. Ахматова
И. Анна
О. Андреевна
Д. член...
Директор

Письменный стол Ахматовой
Комарово

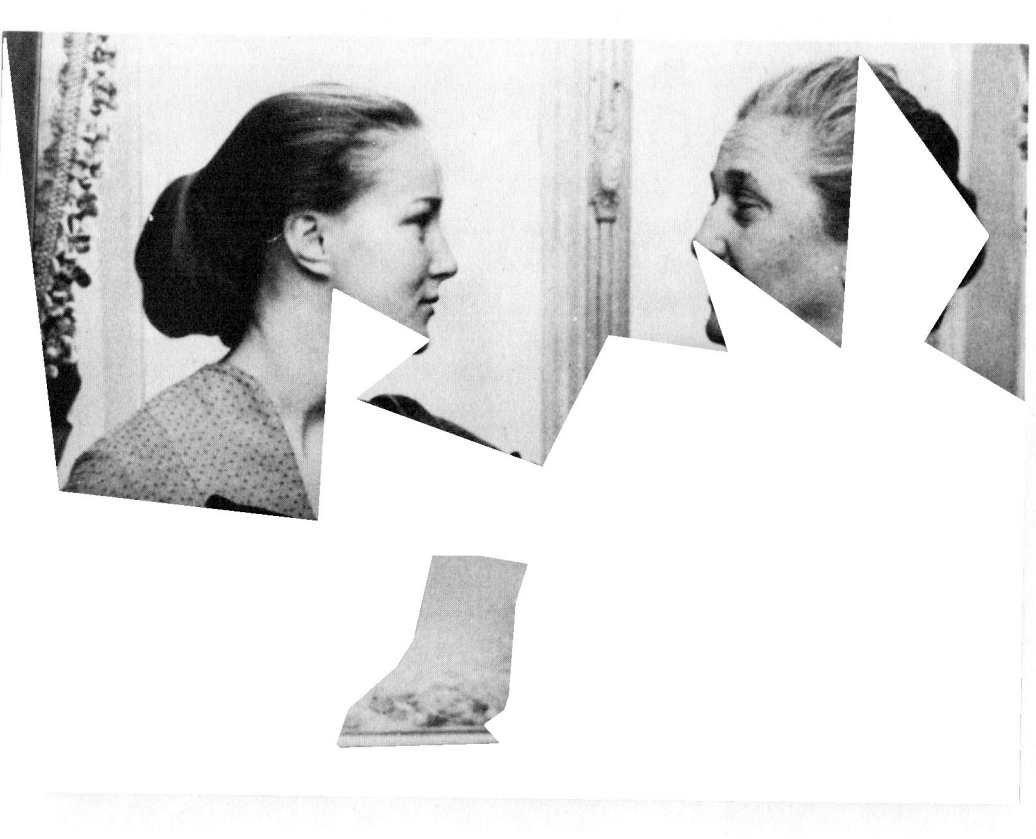

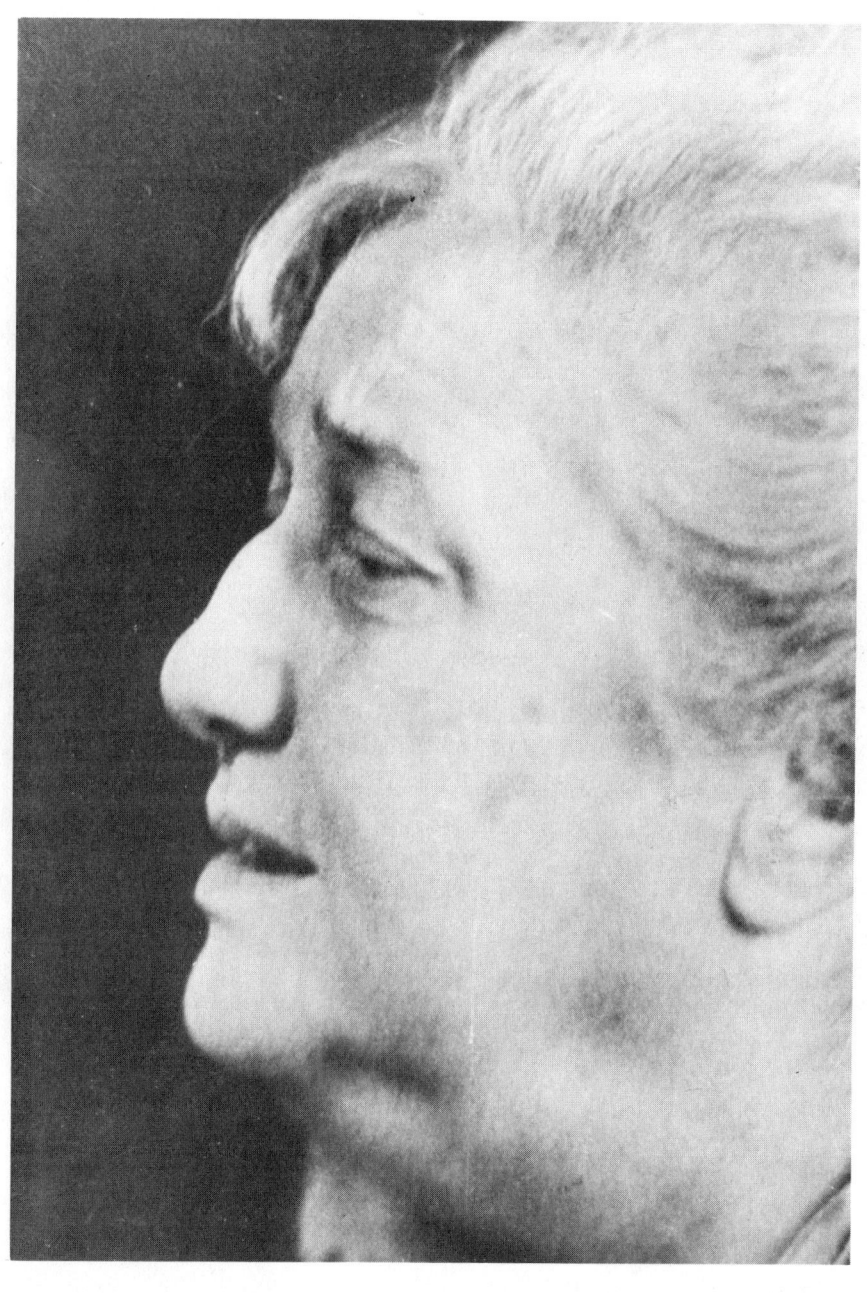

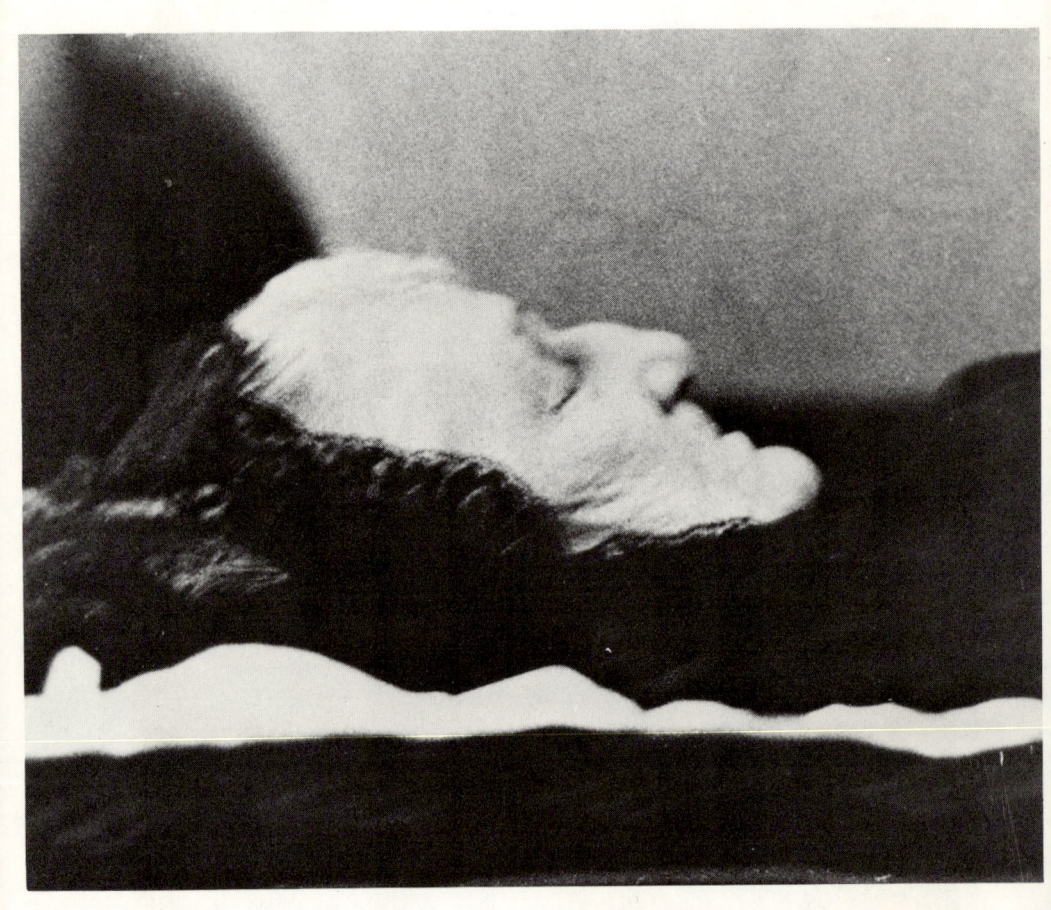

Ахматова в гробу, 1966

слева направо: А. Найман, Е. Рейн, Э. Коробова, Д. Бобышев, И. Бродский

СТИХИ

Публикуемый ниже вариант текста „Поэмы без героя" является рукописью Надежды Яковлевны Мандельштам. Запись была сделана в 1943 году в Ташкенте. Карандашные поправки — собственноручные Ахматовой.

Мы благодарим Павла Ивича, который предоставил нам неоценимую возможность воспользоваться этой рукописью, хранящейся в его архиве.

Как известно, „Поэма без героя" представляет собой крайне сложную текстологическую проблему, поэтому данная публикация, содержащая интересные варианты, будет существенным вкладом в изучение истории поэмы.

Составители

Анна Ахматова.

Поэма без героя. —
с предисловием и примечаниями ~~предисловием и примечаниями~~
автора. ~~Римляшками.~~

„Deus conservat omnia"
*Девиз в гербе на воротах
в фонтанном доме, когда-то...*

× × ×

1940 — 1942 г.

Ленинград — Ташкент.

Часть первая.

Тысяча девятьсот тринадцатый год.

> „De rider finirai
> Pria dell' aurora."
> Don Giovanni.

Вместо предисловия.

~~Анакреон эллинского книгочтения Алекс Дельмас~~
~~тридевясол~~

Она пришла ко мне в ночь с 26го на 27ое декабря 1940 г., прислав как вестницу еще осенью отрывок: "Ты в Россию пришла ~~ниоткуда~~".

Я не звала ее. Я даже не ждала ее в тот холодный и темный день последней ленинградской зимы.

Появлению ее предшествовало несколько мелких и незначительных фактов, которые я не решаюсь назвать событиями.

В ту ночь я написала два куска I-ой части (" 1913 год") и "Посвящение". В начале января я ~~неожиданно для себя~~, почти не отрываясь, записала "Решку" (Intermezzo), а в Ташкенте (в два приема) "Эпилог", ставший III-ей частью поэмы, и сделала много вставок в две первых части.

Всю эту поэму я посвящаю памяти ее первых слушателей, погибших в Ленинграде во время осады. *)

Голоса я слышу теперь, когда я читаю вслух мою поэму, и этот тайный хор стал для меня навсегда фоном поэмы и ее оправданием.

8 апреля 1943 г.

*) чему не противоречат первоначальные посвящения, которые продолжают жить в поэме своей жизнью.

Вместо предисловия.

~~Анекдоту я не молю, легенды на выношу, мифов~~
~~не надо~~.

Она пришла ко мне в ночь с 26ⁿᵒ на 27ᵒᵉ декабря 1940 г., прислав как вестницу еще осенью отрывок: "Ты в Россию пришла ниоткуда..."

Я не звала ее. Я даже не ждала ее в тот ~~день~~ холодный и темный день моей последней ленинградской зимы.

Появлению ее предшествовало несколько мелких и незначительных фактов, которые я не решаюсь назвать событиями.

В ту ночь я написала два куска 1-ой части ("1913 год") и "Посвящение".
~~В начале января~~ ~~почти неожиданно для меня самой~~ я, после не отрываясь, записала "Решку" (Intermezzo), а в Ташкенте (в два приема) ~~дописала~~ "Эпилог", ставший 3-ей частью поэмы, и сделала много вставок в обе первые части.

Всю эту поэму я посвящаю памяти ее первых слушателей, погибших в Ленинграде во время осады.*)

Голоса я слышу теперь, когда я читаю вслух мою поэму, и этот ~~тайный~~ хор стал для меня навсегда ~~оправданием~~ поэмы и ее оправданием.

8 апреля 1943 г.

*) чему не противоречат первоначальные посвящения, которые продолжают жить в поэме своей жизнью.

Посвящение.

А так как мне бумаги не хватило,
Я на твоем пишу черновике.
И вот чужое слово проступает
И, как снежинка на моей руке,
Доверчиво и без упрека тает.
И темные ресницы Антиноя
Вдруг поднялись, и там зеленый дым
И ветерком повеяло родным, —
Не море ли? — Нет, это только хвоя
Могильная и в накипаньи пен
Все ближе, ближе... Marche funèbre... Шопен...

26 дек. 1940
Фонтанный Дом.

Вступление.
(Набат).

|КУРСИВ| Из года сорокового,
Как с башни на все гляжу.
Как будто прощаюсь снова
С тем, с чем давно простилась,
Как будто перекрестилась
И под темные своды схожу.

※
※

1941. август. (возд. тревога).
Осажденный Ленинград.

In my hot youth, when George the Third was King.
                                              Byron.

Я зажгла заветные свечи
И вдвоём с ко мне непришедшим
Сорок первый встречаю год.
Но Господняя сила с нами!
В хрустале утонуло пламя,
И вино, как отрава, жжёт...
    Это всплески жуткой беседы,
    Когда все воскресают бреды,
    А часы всё ещё не бьют...
    Нету меры моей тревоге,
    Я, как тень, стою на пороге,
    Стерегу последний уют.
И я слышу звонок протяжный,
И я чувствую холод влажный,
Каменею, стыну, горю...
И, как будто припомнив что-то,
Повернувшись в пол-оборота,
Тихим голосом говорю:
    Вы ошиблись: Венеция дожей —
    Это рядом... Но маски в прихожей
    И плащи, и жезлы, и венцы
    Вам сегодня придётся оставить.
    Вас я вздумала нынче прославить,
    Новогодние сорванцы.
Этот Фаустом, тот Дон-Жуаном,
А какой-то ещё с тимпаном
Размалёванную приволок...
Иль для них расступились стены,
Вдалеке завыли сирены
И, как купол, вспух потолок.
Ясно всё: не ко мне, так к кому же?
Не для них здесь готовился ужин
И не их собиралась простить.
Хвост последний кашляет сухо...
Я надеюсь, нечистого духа
Вы не смели сюда ввести.
Я забыла ваши уроки,
Краснобаи и лжепророки, —
Но меня не забыли

Как в прошедшем грядущее зреет,
Так в грядущем прошлое тлеет —
Страшный праздник мертвой листвы.

     * * *

[Детство]
Т[аких] речений [когда] я боялась:
Мне всегда почему-то казалось,
Что какая-то лишняя тень
Среди них без лица и названья
Затесалась. Откроем собранье
В новогодний торжественный день.

   Ту полночную Гофманиану
Разглашать я по свету не стану
И других бы просила...
                       Постой,

Ты как будто не значишься в списках,
В каллиунах, звездочетах, лизисках —
Полосатой нарядсен верстой,
Размалеванный пестро и грубо —
   Ты — ровесник Мамврийского дуба,
   Вековой собеседник луны.
   Не обманут притворные стоны,
   Ты железные пишешь законы:
   Хаммураби, Ликурги, Солоны
У тебя поучиться должны.
Существо это странного нрава:
Он не ждет, чтоб подагра и слава
Впопыхах усадили его
В юбилейные пышные кресла,
А несет по цветущему вереску,
По пустыням свое торжество.
И ни в чем не повинен: ни в этом,
Ни в другом, и ни в третьем. Поэтам
Вообще не пристали грехи.
Проплясать пред Ковчегом Завета
Или сгинуть... да что там, — про это
Лучше их рассказали стихи.
   Крик: героя на авансцену! —
   Не волнуйтесь — длинно на смену
   Непременно выйдет сейчас
   И споет о священной мести...
Что же вы все убегаете вместе,
Словно каждый нашел по невесте,
Оставляя с глазу на глаз

Молодого ли месяца шутки?!
Или вправду там кто-то жуткий
Между печкой и шкафом стоит?!—
Бледен лоб и глаза закрыты...
Значит, хрупки могильные плиты,
Значит, мягче воска гранит...
Вздор, вздор, вздор!— От такого вздора
Я седою сделаюсь скоро,
Или стану совсем другой.
Что ты манишь меня рукою?—
За одну минуту покоя
Я посмертный отдам покой.

Это всё наплывает не сразу.
Как одну музыкальную фразу
Слышу шёпот: «Прости, прощай...»
Пол... лестница плоской ступени,
Вспышка газа и в отдаленьи
Ясный голос: „Я к смерти готов."

II

«Ты сладострастней, ты телесней
Живых, блистательная тень».
                            Баратынский.

Распахнулась атласная шубка...
Не сердись на меня, голубка —
Не тебя, а себя казню.
Видишь, там за вьюгой крупчатой
Театральные арапчата
Затевают опять возню.
Как парадно звенят полозья
И волочится полость козья.
Мимо, тень! Он там один.
На стене его тонкий профиль —
Гавриил или Мефистофель
Твой, красавица, паладин?
    Ты сбежала ко мне с портрета,
    И пустая рама до света
    На стене тебя будет ждать.

Так пляшу перед без партнёра,
Я из роли античного хора,
На себя согласна принять.

Ты в России пришла ниоткуда
О, моё белокурое чудо,
Коломбина десятых годов.

Что глядишь ты так смутно и зорко,
Петербургская кукла, актёрка,
Ты одна из моих двойников.

К прочим титулам надо и этот
Приписать. О, подруга поэтов,
Я — наследница славы твоей.

Здесь под музыку дивного мэтра,
Ленинградского дикого ветра
Вижу танец придворных костей.

Оплывают венчальные свечи,
Под фатой поцелуйные плечи,
Храм гремит: "Голубица, гряди!"
Горы пармских фиалок в апреле
И свиданье в Мальтийской Капелле,
Как проклятье в твоей груди.
Дома пёстрей комедьянтской фуры,
Облупившиеся амуры
Охраняют Венеры алтарь.
Спальню ты убрала, как беседку,
Деревенскую девку-соседку
Не признает весёлый скобарь.
И подсвечники золотые,
И на стенах лазурных, святые —
Полукрадено это добро.
Вся в цветах, как "Весна" Боттичелли,
Ты друзей принимала в постели,
И томился дежурный Пьеро.

Всего я не видела мужа —
Я — к стеклу приникавшая стужа
Или бой крепостных часов.
Ты не бойся; дома не мечу,
Выходи ко мне смело навстречу —
Гороскоп твой давно готов.

III

Подают бричку, рысит у Мотковых
"Нет уже юноши, нет уже нашего".
                                    В. Хлебников.

Были святки кострами согреты,
И валились с мостов кареты,
И весь траурный город плыл
По неведомому назначенью —
По Неве ль или против теченья —
Только прочь от своих могил.
В Летнем тонко пела флюгарка,
И серебряный месяц ярко
Над серебряным веком стыл.
И всегда в духоте морозной —
Предвоенной, блудной и грозной —
Потаенный носился гул.
Но тогда он был слышен глухо,
Он почти не касался слуха
И в сугробах невских тонул.

    А сейчас бы домой скорее
    Камероновой галереей
    В ледяной таинственный сад,
    Где безмолвствуют водопады,
    Где все девять мне будут рады,
    Как бывало ты когда-то рад.

Там за островом, там за садом
Разве мы не встретимся взглядом
Наших прежних ясных очей,
Разве ты мне не скажешь снова
Победившее
            смерть
                    слово
И разгадку жизни моей.

——※——

Кто за полночь под окнами бродит,
На кого беспощадно наводит
Тусклый луг угловой фонарь, —
Тот и видел, как стройная маска
На обратном пути из Дамаска
Возвратилась домой не одна?!

Ук на лестнице пажеской дуэли,
И гусарский хорнет со стихами
И с отравленной смертью в груди
Позволит, если смелости хватит —
Он тихо, он споёт "Травиату"
Поклянётся приидя, глядя, —

    Ни в проклятых Мазурских болотах,
    Ни на синих Карпадских высотах....
      Он на твой порог
       Поперёк...
    Да простит тебя Бог.

          * * *

КУРСИВ
Это я — твоя старая совесть
Разыскала сожжённую повесть
И на край подоконника
В доме покойника
Положила и на цыпочках ушла.

1940. 26 дек.
(Ночь)

       Послесловие.

Всё в порядке: лежит поэма
И, как свойственно ей, молчит.
Ну, а вдруг как вырвется тема,
Кулаком в окно застучит?

    И на зов этот издалёка
    Вдруг откликнется страшный звук —
    Клокотание, стон и клёкот
    И видение скрещённых рук?...

       * * * * *

1) "Ah, distinctly I remember it was in the bleak
                        December"
                     ("The Raven")

Часть Вторая.
Решка.
(Intermezzo).

> "Я воды Леты пью,
> Мне доктором запрещена унылость..."
>   "Домик в Коломне."

~~[крестом зачёркнуто]~~
"~~[зачёркнуто]~~"

Вл. Г. Гаршину.

I

Мой редактор мной недоволен,
Клялся мне, что занят и болен,
Засекретил свой телефон!
«Как же можно: три темы сразу!»
Дочитав последнюю фразу,
Не поймёшь, кто в кого влюблён.—

II

Кто, зачем и когда встречался,
Кто погиб и кто жив остался,
И кто автор и кто герой.
И к чему нам сегодня эти
Рассуждения о поэте
И каких-то призраков рой?..

III

Я сначала сдалась, но снова
Выпадало за словом слово,
Музыкальный ящик гремел,
И над тем надбитым флаконом
Языком прямым и зелёным
Неизвестный мне яд горел.

IV

А после все казалось, что это
Я пишу для кого-то либретто,
И отбоя от музыки нет.
А ведь сон — это тоже вещица,
"Soft embalmer", Синяя птица,
Эльсинорских террас парапет.

V

И сама я была не рада,
Этой адской арлекинады
Издалека заслышав вой.
Все надеялась, что мимо
Пронесется, как хлопья дыма
Сквозь таинственный сумрак хвой.

VI

Не отбиться от рухляди пестрой,
Это старый чудит Калиостро
За мою к нему нелюбовь.
И мелькают летучие мыши,
И бегут горбуны по крыше,
И цыганочка лижет кровь.

VII

Карнавальной полночью римской
И не пахнет, напев Херувимской
За высоким окном дрожит.
В дверь мою никто не стучится,
Только зеркало зеркалу снится,
Тишина тишину сторожит.

VIII

Но была для меня та тема,
Как раздавленная хризантема
На полу, когда гроб несут.
Между "помнить" и "вспомнить", други,
Расстояние, как от Луги
До страны атласных баут.

IX

Бес попутал в укладке рыться...
Ну, а как же могло случиться,
Что во всем виновата я,
Я — тишайшая, я — простая,
"Подорожник", "Белая стая"...

embalmer of the

Так и знай — обвинят в плагиате...
Разве я других виноватей?
Впрочем, ~~Правда~~, это в последний раз.
Я согласна на неудачу
И смущение свое не прячу
Под укромный противогаз.

XI

Но сознаюсь, что применила
Симпатические чернила,
Что зеркальным письмом пишу,
Что другой мне дороги нету —
Чудом я набрела на эту
И расстаться с ней не спешу.

XII

Та столетняя чаровница*)
Вдруг очнулась и веселиться
Захотела. Я не при чем.
Кружевной роняет платочек,
Томно жмурится из-за строчек
И брюлловским манит плечом.

XIII

Я пила ее в каждой капле,
И, бесовскою черной жаждой
Одержима, не знала как
Мне разделаться с бесноватой,
Я грозила ей Звездной Палатой
И гнала на родной чердак, —

XIV

В темноту под Манфредовы ели
И на берег, где мертвый Шелли,
Прямо в небо глядя, лежал
И все жаворонки всего мира
Разрывали бездну эфира
И факел Георг держал*)

XV

А она твердила упрямо:
«Я не та английская дама
И совсем не Клара Газуль,
Вовсе нет у меня родословной,
Кроме солнечной и баснословной,
И привел меня сам Июль.»

*) Романтическая

твои …
Двадцать лет лежавших в …
Я еще не так поющу, —
Мы с тобой еще попируем
И я царским моим поцелуем
Злую полночь твою награжу.

1941 г. Январь (3-ое и 5-ое)
Фонтанный Дом.

Часть третья.

Эпилог.

> "I suppose all sorts of dreadful
> things will happen to us"...
> Hemingway.

Городу и другу.

Так под кровлей Фонтанного Дома,
Где вечерняя бродит истома
С фонарем и связкой ключей —
Я аукалась с дальним эхом,
Неуместным смущая смехом
Непробудную сонь вещей.
Где свидетель всего на свете
На закате и на рассвете
Смотрит в комнату старый клен
И, предвидя нашу разлуку,
Мне иссохшую черную руку,
Как за помощью тянет он …
А земля под ногой гора…
И такая звезда гля…
В моей еще неброше…
И ждала условного …

XVI

А твоей двусмысленной славе,
Двадцать лет лежавшей в канаве,
Я еще не так послужу, —
Мы с тобой еще попируем
И я царским моим поцелуем
Злую полночь твою награжу.

1941. Январь (3-го и 5-го)
Фонтанный Дом.

Часть третья.

Эпилог.

"I suppose all sorts of dreadful
things will happen to us"...
                    Hemingway.

Городу и другу.

Так под кровлей Фонтанного Дома,
Где вечерняя бродит истома
С фонарем и связкой ключей —
Я аукалась с дальним эхом,
Неуместным смущая смехом
Непробудную сонь вещей,
Где свидетель всего на свете
На закате и на рассвете
Смотрит в комнату старый клен.
И, предвидя нашу разлуку,
Мне иссохшую черную руку,
Как за помощью тянет он....
А земля под ногой горела,
И такая звезда гля[дела]
В мой еще не брошен[ный]

Это где-то там, у Терека,
Это где-то здесь — за углом...
Ты меня грозней и мне посылаешь
Светлого слушателя темных бредней —
Упованье, прощенье, честь.
. . . .
. . . .
―――――――――

И услышишь, как лихо,
Положи мне руку на сердце,
Пусть теперь остановится время
На тобою данных часах.
Нас несчастье не минует,
И кукушка не закукует
В опаленных наших лесах.

А не сладит моей могилой,
Ты, гранитный, хрустальный, милый —
Побледнел, помертвел, затих.
Разлученье наше мнимо —
Я с тобою неразлучима:
Тень моя на стенах твоих, —
Отраженье мое в каналах, —
Звук шагов в Эрмитажных залах
И на гулких сводах мостов,
И на старом Волковом Поле,
Где могу я плакать на воле
В чаще новых твоих крестов.
Мне казалось, за мной ты гнался,
Ты, что там погибать остался
В блеске шпилей, в отблеске вод.
Не дождался желанных вестниц —
Над тобой лишь твоих прелестниц,
Белых ноченек хоровод.
А веселое слово — дома —
Никому теперь незнакомо,
Все в чужое глядят окно.

Кто в Ташкенте, кто в Нью-Йорке,
И изгнания воздух горький,
Как отравленное вино.
. . . .
Все вы мной любоваться могли бы,
Когда в брюхе летучей рыбы
Я от злой погони спаслась,
И над Ладогой и над лесом,
Словно та, одержимая бесом,
Как на Брокен ночной неслась, ...
А за мною, тайной сверкая,
И назвавши себя — "Седьмая",
На неслыханный мчалась пир,
(Притворившись нотной тетрадкой,)
Знаменитая ленинградка
Возвращалась в родной эфир.

Оконч. 18 авг. 1942 г.
в гор. Ташкенте.

Строфы из Эпилога

Но уже предо мною прямо
Леденела и стыла Кама
И "Quo vadis?" кто-то сказал,
Но не дал шевельнуть устами,
Как тунелями и мостами
Прогремел сумасшедший Урал.

Моим милым Гитовичам
в их День
28 августа
1962
Комарово

Нас четверо
(комаровские кроки)

                ушли и читали не́жно
                все муки Данта судя́
                                О. М.
                таким я вижу облик ваш и взгляд
                                Б. П.

                О Муза Плача!
                                М. Ц.

Я отдышалась здесь от всего,
от земного всякого блага,
будем — хранители "места сего"
а там хоть мёртвой лежать.

Все мы немного у жизни в гостях,
жить — это только привычка,
чудится мне на воздушных путях
двух голосов перекличка.

Двух? — а еще у восточной стены,
в зарослях крепкой малины,
тёмная свежая ветвь бузины,
Это — письмо от Марины.

                        Анна Ахматова

1961 ноябрь
в больнице

М. Мейлах

НЕИЗДАННОЕ СТИХОТВОРЕНИЕ АННЫ АХМАТОВОЙ

В архиве М. Л. Лозинского, бережно сохраняемом в семье замечательного переводчика, имеется некоторое количество материалов, связанных с Анной Ахматовой. Материалы эти содержатся в бумагах ,,Гиперборея'', т. е. относятся исключительно к середине десятых годов. В наших последующих более подробных заметках мы надеемся не только дать более детальный их обзор, но и коснуться истории дружбы Ахматовой с Лозинским, которому она в молодости посвящала стихи (Лозинскому посвящено и программное стихотворение ,,Надпись на книге'', написанное в переломном 1940 году) , а в поздние годы — уже его памяти — специальную заметку ,,Слово о Лозинском''. Пока же мы ограничимся публикацией стихотворения Ахматовой, сохранившегося, насколько нам известно, только в этом архиве и прежде никогда не печатавшегося.

Один из интереснейших документов архива — машинопись книги Ахматовой ,,Белая стая'', содержащая материал, ценный для истории создания сборника, а именно — большое число рукописных поправок в текстах стихотворений, печатавшихся до этого в журналах; исправления эти закрепились в последующих переизданиях (о них подробнее в другом месте). Обращает на себя внимание шуточный ,,ученый'' латинский вариант заглавия и оглавления книги:

    A.Achmatidis Fiolentinae
        Columbarum
        libri quinque
         Petropoli
   cura et sumptibus Hyperborearum
       A.D. MCMXVII
         ————

Liber primus — De Musa
Liber secundus — De sollicitudine cordis
Liber tertius — De penatibus et armis
Liber quartus — De phantasmatis saeculi
Liber quintus — De Principe

Любопытен перевод названия ,,Белая стая'' как Columbae *голубки*. Оглавление отдельных книг сборника не соответствует распределению в нем стихотворений, а только, условно говоря, их тематике (за исключением последней, пятой "De Principe", т.е. о „царевиче" из поэмы „У самого моря"). Пояснения заслуживает, пожалуй, лишь отнесение к Ахматовой "cognomen'a" Fiolentina т.е. ,,Фиолентинка" — по названию мыса Фиолент близ Херсонеса, где в детстве Ахматова проводила каждое лето (на фоне классически строгой надписи тем забавнее выглядит "nomen" Ахматовой, звучащий скорее как современная греческая фамилия в латинизированном оформлении).[1] Все это перекликается с известной ,,Антологией античной глупости", сочинявшейся в кругу ,,Цеха поэтов" и ,,Гиперборея", или вспомним латинский перевод некрасовских строк ,,У купца у Семипалова живут люди не говеючи...", который по памяти цитировала в поздние годы Ахматова, приписывая их, кажется, Лозинскому:

> Heptadactilus mercator
> Servos semper nutrit carne...[2]

Перейдем, однако, к интересующему нас тексту. Речь идет о произведении, первоначально занимавшем место другого, хорошо всем известного стихотворения ,,Еще весна таинственная млела...", которое подклеено к нему в этой рукописи с надписью ,,*В книге А. Ахматовой ,,Белая стая" стихотворение ,,И в Киевском храме Премудрости Бога..." исключить и заменить следующим: ,,Еще весна..." и т.д. М. Лозинский*". Была ли произведена эта замена, перешедшая во все позднейшие переиздания, когда книга уже находилась в типографии?

Итак, приведем текст стихотворения по выправленной, как и в остальных листах рукописи, машинописи:

> И в Киевском храме Премудрости Бога,
> Припав к солее, я тебе поклялась,
> Что будет моею твоя дорога,
> Где бы она ни вилась.
>
> То слышали ангелы золотые
> И в белом гробу Ярослав.
> Как голуби, вьются слова простые
> И ныне у солнечных глав.
>
> И если слабею, мне снится икона
> И девять ступенек на ней
> И в голосе грозном софийского звона
> Мне слышится голос тревоги твоей.
>
>   1915

Интерпретация этого текста — предмет специального сообщения.

[1] См. статью автора ,,Об именах Ахматовой. 1. Анна." — **"Russian Literature"** , 10/11, 1975, стр. 33 - 57.

[2] Любопытно, что те же две строки, как указал нам Р. Д. Тименчик в письме от 25 января 1976 года, приводит Д. Святополк-Мирский в своей книге „Русская лирика" („Маленькая антология от Ломоносова до Пастернака"), П., 1924, стр. 189: „Один из нынешних Евразийцев перевел это стихотворение /„Думу"/ на латинский язык. Помню из этого перевода два стиха..."

ПЕРЕПИСКА И ДРУГИЕ МАТЕРИАЛЫ

Н. Н. Пунин

ПИСЬМО К АХМАТОВОЙ
от 14 апреля 1942 г.

14 апреля 42
Самарканд, больница.

Здравствуйте, Аня.

Бесконечно благодарен за Ваше внимание и растроган; и это не заслужено. Все еще в больнице не столько потому что болен, сколько оттого, что здесь лучше, чем на воле... Есть мягкая кровать и кормят, хотя и не важно, но даром. И спокойно. Я еще не вполне окреп, но все же чувствую себя живым и так радуюсь солнечным дням и тихо развивающейся весне. Смотрю и думаю: я живой. Сознание, что я остался живым, приводит меня в восторженное состояние, и я называю это — чувством счастья. Впрочем, когда я умирал, то есть знал, что я непременно умру — это было на Петровском острове у Голубевых, куда на время переселился, потому что там, как мне казалось, единственная в Ленинграде теплая комната — я тоже чувствовал этот восторг и счастье. Тогда именно я думал о Вас много. Думал потому, что в том напряжении души, которое я тогда испытывал, было нечто — как я уже писал Вам в записочке — похожее на чувство, жившее во мне в 20-х годах, когда я был с Вами. Мне кажется, я в первый раз так всеобъемлюще и широко понял Вас — именно потому, что это было совершенно бескорыстно, так как увидеть Вас когда-нибудь я, конечно, не рассчитывал, это было действительно предсмертное с Вами свидание и прощание. И мне показалось тогда, что нет другого человека, жизнь которого была бы так цельна и потому совершенна как Ваша; от первых детских стихов (перчатка с левой руки) до пророческого бормотания и вместе с тем гула поэмы. Я тогда думал, что эта жизнь цельна не волей — и это мне казалось особенно ценным — а той органичностью, т. е. неизбежностью, которая от Вас как будто совсем не зависит. Теперь этого не написать, т. е. всего того, что я тогда думал, но многое из того, что я не оправдывал в Вас, встало передо мной не только оправданным, но и, пожалуй, наиболее прекрасным. Вы знаете, многие осуждают Вас за Леву, но тогда мне было так ясно, что Вы сделали мудро и безусловно лучшее из того, что могли выбрать (я говорю о Бежецке), и Лева не был бы тем, что он есть, не будь у него Бежецкого детства. Я и о Леве тогда много думал, но об этом как нибудь другой раз — я виноват перед ним. В Вашей жизни есть крепость, как будто она высечена в камне и одним приемом очень опытной руки. Все это, я помню, наполнило меня тогда радостью и каким-то совсем необычным, не сентиментальным умилением, созерцательным, словно я стоял перед входом в Рай (вообще тогда много было от ,,Божественной Комедии''). И радовался не столько за Вас, сколько за мироздание, потому что от всего этого я почувствовал, что нет личного бессмертия, а есть бессмертное. Это чувство было особенно сильным. Умирать было не страшно, и я не имел никаких претензий персонально жить или сохраниться после смерти. Почему-то я совсем не был в этом заинтересован; но что есть Бессмертное и я в нем окажусь — это было так прекрасно и так торжественно. Вы казались мне тогда — и сейчас тоже — высшим выражением Бессмертного, какое я только встречал в жизни. В больнице мне довелось перечитать ,,Бесов''. Достоевский, как всегда, мне тяжел и совсем не для меня, но в конце романа, как золотая заря среди страшного и неправдоподобного мрака, такие слова: ,, Одна уже всегдашняя мысль о том, что существует нечто безмерно справедливейшее и счастливейшее, чем я, уже наполняет и меня всего безмерным умилением и — славой, — о, кто бы я ни был, что бы ни сделал! Человеку гораздо необходимее собственного счастья знать и каждое мгновение веровать в то, что есть где-то уже совершенное и спокойное счастье для всех и для всего... и т.д.'' Эти слова почти совершенное выражение того, что я тогда чувствовал. Именно — ,,и славой'' — именно, ,,спокойное счастье''. Вы и были тогда выражением ,,спокойного счастья славы''. Умирая я к нему приближался. Но я остался жить, и сохранил и само то чувство и память о нем. Я так боюсь его теперь потерять и забыть и делаю усилия, чтобы этого не случилось, чтобы не случилось того, что так иной раз случалось со мной в жизни: Вы знаете, как я легкомысленно, не делая никаких усилий, даже скорее с вызовом судьбе, терял лучшее, что она, судьба, мне давала. Солнце, которое я так люблю после ледяного Ленинградского ада, поддерживает меня и мне легко беречь перед этой солнечной славой это чувство бессмертного. И я счастлив.

Мне хорошо здесь, в больнице хорошо, рука почти зажила — Вы видите, я пишу своим почерком — правда, много забот, как устроиться, как прокормиться, но они не поглощают меня так, как это было раньше. И мне не жаль брошенного, кроме некоторых вещей, которые я просто из-за спешки забыл взять.

В вагоне, когда я заболел, мне почему-то вспомнился Хлебников, и я воспринял его, как самый чистый голос моего времени, по отношению к которому Маяковский что-то одностороннее, частный случай, Вы — не частный случай, но почему-то я не мог соотнести Вас с Хлебниковым, и это до сих пор мне непонятно.

Подъезжая к Ташкенту, я не надеялся Вас видеть и обрадовался до слез, когда Вы пришли, и еще больше, когда узнал, что на другой день Вы снова были на вокзале...

Б. Л. Пастернак

ПИСЬМА К АХМАТОВОЙ. ДВЕ РЕЦЕНЗИИ.

№1

17/IV/26

Дорогая, дорогая Анна Андреевна!
Как Вас благодарить, что не забыли Вашего слова в ответ на мое восклицанье, вырвавшееся так безотчетно и так ведь верно! Еще труднее описать чувство радости при полученьи этой удивительной карточки с удивительной Ахматовской надписью, совершенной в ее кажущейся случайности, как и все у Вас. Вы может быть забыли? Там сказано: ,,от этого садового украшенья''!

Но, Анна Андреевна, зачем Вы так небрежете здоровьем? Горнунг[1] передает, будто Вы опять хвораете. А я-то на радостях написал Цветаевой (знаете, в тот вечер, что мы о ней говорили, она читала Вас в Лондоне) [2], — про сказочную перемену, которую нашел в Вас, и эта радость успела там распространиться. Если бы я не верил в доброту всякого глаза, устремленного на Вас, я бы из предосторожности перестал заикаться о Вашем здоровье. При таком же убеждении мне хочется просить Вас, положенья этого не колебать. От всего сердца желаю Вам скорейшей поправки.

Анна Андреевна, у меня к Вам просьба, которую я испещрю оговорками только в виду Вашей высокой, поразительной и редкой разбочивости в вещах практических. Однако, думается, ей в данном случае не может быть места. Речь идет о полученьи причитающнгося Вам гонорара за перепечатку Ваших стихов в ,,Антологии русск/ой/ поэзии XX в.'', выпущенной изд/ательс/твом ,,Новая Москва''[3]. Составители и книгоиздательство, собирая книгу, и не подозревали, что им когда-ниб/удь/ об авторах напомнят. Сделали это в отношении// себя самих,, Герасимов и Кириллов[4]. Суд приговорил издательство к выплате истцам гонорара по 50 коп. за строчку. Местком писателей (полноправный союз), на основании соответствующих отдельных заявлений, предъявляет издательству аналогичный иск от лица всех, как говорится в таких случаях, — потерпевших. И вот, драгоценная и неповторимая пострадавшая, одного насморка которой не стоит вся антология со всем издательством в придачу, настойчиво прошу Вас о следующем. Пришлите Ю. Н. Верховскому[5] или мне собственноручное заявление в Моск/овский/ Местком Писателей при Союзе Рабпроса — о отправке с изд/ательс/тва ,,Новая Москва'' причитающегося Вам гонорара за перепечатку Ваших стихов в ,,Ант. р. поэзии XXв.'' , выпущенной издательством. те также Ю. Н. лии мне доверенность на получение денег, кот/орые/ изд-во обязано будет выплатить по принужденью суда, но вероятно не раньше осени. Вам приходится, если не ошибаюсь, около 200 руб. (немн/ого/ больше или меньше, не помню). В доверенные я Вам называю двух лиц на выбор с тем, чтобы сузить наблюденье за Вашими дальнейшими шагами до полной обозримости. А то нельзя быть уверенным, что Вы что-нибудь предпримите![6]

Простите, что неприличнейшим образом исписываю листок со всех сторон. Не знаю, куда девалась почтовая бумага. Хочется верить, что Вам лучше. После Вашего пребыванья в Москве началось для меня удивительное время. Было несколько радостных сообщений из-за границы[7]. Потянуло к работе. И вдруг разыгралась нестерпимая невралгическая боль в челюсти и в лев/ом/ виске. Пришлось все бросить.

Еще раз благодарю Вас за все.

Преданный Вам Б. Пастернак.

Адрес Ю. Н. Верховского: Остоженка, Коробейников (б/ывший/ 1-й Ушаковский) п/ереулок/, д. 12, кв. 4.

Привет Н. Н. Пунину[8]. Мой адрес: Волхонка 14, кв. 9.

№2

6.IV.29

Дорогая Анна Андреевна!

Недели три тому назад я Вам отправил письмо по Вашему старому, а легко может быть, и по ложному адресу. Я в нем испрашивал Вашей санкции на печатанье стихотворенья, к Вам обращенного[9]. Оно было приложено. Своей оплошностью я поставил себя в положенье нестерпимой неизвестности. Но все же мне казалось, что Вы бы мне отказали на словах (в случае, если письмо дошло), а не в такой молчаливой, обрекающей на догадки форме. Вероятно, так оно и есть, и я очень рад пропаже письма, потому что я им поторопился, а стихи послал с первой записи[10].

Я третий месяц очень усидчиво работаю над большой повестью[11], которую пишу с верой в удачу. Я недавно болел, но не прерывал работы. Мне очень хорошо. Далекий от мысли, что я это осуществляю, я вновь, как бывало, умилен до крайности всем тем, что человеку дано прочувствовать и продумать. Мне некуда девать это умиление, повесть потеряла бы в плотности, если бы я все это излил на нее одну. Мне приходится исподволь писать стихи. Их теперь, в моем возрасте, я понимаю как долговую расплату с нексколькими людьми, наиболее мне дорогими, потому что конечно именно они — истинные адресаты, к которым должно быть обращено это умиленье. Я хочу написать стихотворенье Марине, Вам, Мейерхольдам, жене и Ломоносовой, нашей заграничной приятельнице. Вам и Мейерхольдам они написаны, и когда будут сделаны остальные (повесть задерживает), мне бы хотелось их напечатать[12].

Если я пока не заслужил Вашей искренности, то заслужу еще ее. И потому будьте, пожалуйста, со мною откровенны. Если прилагаемое стихотворенье чем-нибудь неприятно Вам (помимо того, что оно недостаточно сильно), напишите мне о том. Пожалуйста, со всем прямодушьем. Пусть неудачно, но свое виденье Вас и свое чувство я в нем выразил, и этого достаточно, чтобы, на мой взгляд, оно годилось для печати, и в этом случае, по понятным причинам даже в нее *просилось*. Но я обязан считаться и с Вами. Ответьте, пожалуйста, и напишите несколько слов о себе. Ответьте хотя бы открыткой.

Всей душой преданный Вам
Б. П.

№3

10.IV.29.

Дорогая Анна Андреевна!

Горячо благодарю Вас за ответ и очень обеспокоен концом телеграммы. Если это возможно, я просил бы кого-нибудь из Ваших близких или друзей, Вас навещающих, сообщить мне, что с Вами и как Ваше самочувствие. Не надо прибавлять, с какой признательностью я приму такое извещенье. Я просто бы, миновав Вас, запросил бы Лукницкого[13], но к сожаленью, затерял его адрес. А Вы, Анна Андреевна, пожалуйста, простите меня, что в такое время я Вас обеспокоил подобной ерундой, — ведь это произошло без моего ведома и не по моей воле все вышло так нехорошо и глупо. Всей душой, как только можно, желаю Вам поскорее оправиться. Я и сам болел недавно, и по упорству и естественности, с какой, точно у себя дома и постоянная жилица, обосновалась болезнь, еще недели две назад не видел, отчего бы и зачем ей кончиться и смениться здоровьем. Пишу в вере, что моя просьба к Вашим друзьям застанет Вас в состоянии, когда это кажется уже более вообразимым. Всего лучшего. Еще и еще раз большое спасибо.

Но об этом лучше не распространяться. Мне страшно стыдно. Я все знаю. Правда и то, что невозможно трудно сказать что-либо, хотя отдаленно Вас достойное. Или не только о Вас. Но когда мы говорим о природе или о третьем лице, или о себе, — мы не спрашиваем и не слышим ответа. И все сходит с рук... А Ваша телеграмма, как старшая, смотрит на стихотворенье, и в ней больше содержанья, живого и противоречивого, чем в последнем.

Ваш Б. П.

Жена шлет Вам сердечный привет и тоже желает скорейшего и полнейшего выздоровления.

№4

28 VII 40.

Дорогая Анна Андреевна!

Давно мысленно пишу Вам это письмо, давно поздравлял Вас с Вашим великим торжеством, о котором говорят кругом уже второй месяц.

У меня нет Вашей книги. Я брал ее на прочтение у Федина и не мог исчертить восклицательными знаками, но отметки вынесены у меня отдельно и я перенесу их в свой экземпляр, когда достану книгу.

Когда она вышла, я лежал в больнице (у меня было воспаление спинного нерва), и я пропустил сенсацию, сопровождавшую ее появление. Но и туда дошли слухи об очередях, растянувшихся за нею на две улицы, и о баснословных обстоятельствах ее распространения. На днях у меня был Андрей Платонов, рассказывал, что драки за распроданное издание продолжаются и цена на подержанный экземпляр дошла до полутораста рублей.

Неудивительно, что едва показавшись, Вы опять победили. Поразительно, что в период тупого оспариванья всего на свете Ваша победа так полна и неопровержима.

Ваше имя опять АХМАТОВА в том самом смысле, в каком оно само составляло лучшую часть зарисованного Вами Петербурга. Оно с прежней силой напоминает мне то время, когда я не смел бы поверить, что буду когда-нибудь знать Вас и иметь честь и счастье писать Вам. Нынешним летом оно снова значит все то, что значило тогда, да кроме того еще и что-то новое и чрезвычайно большое, что я наблюдал - последнее время в отдельности, но чего еще ни разу не видел в соединении с первым.

Это соперничающее значение Вашего нового авторства в „Иве"[14] законное и властное, чтобы казаться продолжением или видоизменением первого. Можно говорить о явлении нового художника, неожиданно поднявшегося в Вас рядом с Вами прежней, так останавливает тот перевес абсолютного реализма над импрессионистской стихией, обращенной к впечатлительности, и совершенная независимость мысли от ритмического влияния.

Способность Ваших детских книг воскрешать время, когда они выходили, еще усилилась. Снова убеждаешься, что кроме Блока *таким* красноречием частностей не владел никто, в отношении же Пушкинских начал Вы вообще единственное имя. Наверно я, Северянин и Маяковский обязаны Вам безмерно большим, чем принято думать, и эта задолженность глубже любого нашего признания, потому что она безотчетна. Как все это врезалось в воображение, повторялось и вызывало подражание! Какие примеры изощренной живописности и мгновенной меткости!

Замечательно, что когда рядом с ними натыкаешься на вещи более широкого действия и иной, дополнительной силы, они теперь кажутся позднейшими вставками, и присутствие Вашего нынешнего искусства начинаешь подозревать там, где его нет, как, например, на стр. 199 и 203 (наряду со стихотворением на стр. 198, которое Вы читали у Фединых).

Выбор Ваш так совершенен, что предпочтению уже нечего делать и подчеркивать приходится уже почти все подряд. Особенно изобилуют такими гнездами сплошных драгоценностей стихи из Четок. Вот эти розы: стр. 222, *223*, 224, 225, 226, 227, 232, 235, 237, *238*, 239, 240, 241, 243. Именно к таким гнездам может относиться весь будущий мир „Поверх барьеров", атмосфера его зарождения, т. е. все то, чего я лишь вскользь коснулся тут в словах о нашей задолженности, о магическом действии Вашей жизненной силы и пр. и пр. Вот еще звездные скопления: *249,* 253, 263; 254, *265, 266, 267,* 269, 271 и др.

Чтобы вы знали с кем, в отношении вкуса, Вы здесь имеете дело, скажу, что бегло, с налету и первого взгляда, *вершинами,* в разных отношениях показались мне: стр. 50, 69, 145, 174, 194, 198, и несущественно, какую роль тут играет знакомство одних и знаменитость других страниц.

Но я начинаю заговариваться, и Вам должно стать скучно. Позвольте, я прерву письмо, а то боюсь, что никогда не отошлю его. Узнав, что я пишу Вам, Вам просили кланяться Софья Андреевна[15], Нина Ал. Табидзе[16], Конст. Ал. Федин и Зина[17]. Знаете ли Вы, что выпустили жену Бориса[18], Киру Георгиевну? Когда будете в Москве, непременно приезжайте к нам в Переделкино! Тут сущий рай! После упоминания о больнице надо сказать, что я давно себя так замечательно не чувствовал, как этим летом.

Если бы Вы почтили меня открыткой, сообщите, пожалуйста, как Ваши дела и здоровье? С Вами уже Лев Николаевич[19]? Нина Т/абидзе/ приехала сюда хлопотать за мужа.

Я думал, Вам будет приятно узнать, каким радостным событием была для меня Ваша книга, написать Вам об этом было моей живейшей потребностью, но я сделал это так неудачно, что письмо Вам ничего не даст.

Вы должны догадаться, источником какой гордости являются для меня оба Ваших незаслуженных подарка, стихотворение и эпиграф. Относительно последнего я не верил, несмотря на Ваши слова, пока не увидел. Тон Перцова возмутил нас всех[20], но тут думают (м/ежду/ пр/очим/ Толстой[21]), что кто-нибудь из настоящих писателей должен написать о Вас в журнале, а не в газете.

Ну, до свиданья, целую Вашу руку. Еще раз горячее спасибо Вам от нас всех за это воплощенное учдо.

Ваш Б. Пастернак.

№5

[1 ноября 1940]

Дорогая, дорогая Анна Андреевна!

Могу ли я что-нибудь сделать, чтобы хоть немножко развеселить Вас и заинтересовать существованием в этом снова надвинувшемся мраке, тень которого с дрожью чувствую ежедневно и на себе. Как Вам напомнить с достаточностью, что жить и хотеть жить (не по какому-нибудь еще, а только по-Вашему) Ваш долг перед живущими, потому что представления о жизни легко разрушаются и редко кем поддерживаются, а Вы их главный создатель.

Дорогой друг и недостижимый пример, все это я должен был Вам подсказать тем серым днем августа, когда мы последний раз видались и Вы мне напомнили, как категорчески Вы мне дороги. А между тем я пренебрегал возможностями встречи с Вами, уезжал на целые дни в Москву, для встречи поезда для учащихся, шедшего вне графика и не по расписанию из Крыма с Зиной и ее больным сыном, которого надо было устроить в больницу и даже *день* приезда которого был неизвестен. В скобках, для удовлетворения естественного интереса, все обошлось благополучно, и мальчик, пролежав с месяц, теперь выздоровел.

Я не читаю газет, как Вы знаете. И вот, последнее время, когда я спрашиваю, что на свете нового, я узнаю одну вещь радостную и одну грустную: англичане держатся, обижают Ахматову... О если бы между этими новостями, мне одинаково близкими, мог существовать обмен веществ и сладость одной могла ослаблять горечь другой!

Я говорил Вам, Анна Андреевна, что мой отец и сестры с семьями в Оксфорде, и Вы представляете себе мое состояние, когда в ответ на телеграфный запрос я больше месяца не получал от них ответа. Я мысленно похоронил их в том виде, как может подсказать воображению воздушный бомбардировщик и вдруг узнал, что они живы и здоровы.

Также и Нина Т/абидзе/ уехала в Тифлис без малейшей надежды узнать когда-нибудь что-нибудь о муже, а мне намекала даже, что нет уверенности, чтобы он был в живых, а теперь она написала мне, что он содержится в Москве, и это установлено.

Простите, что я так грубо и как маленький привожу Вам примеры из домашней жизни в пользу того, что никогда не надо расставаться с надеждой, все это, как истинная христианка, Вы должны знать, однако знаете ли Вы, в какой цене *Ваша надежда* и как Вы должны беречь ее.

„Смирив души неукротимый ропот" и т. д. в общей сложности 4 строки у меня записаны, но Вы не договорили тогда — нас позвали к Фадееву. Книжку Вашу мне подарили в Гослитиздате. Если бы Вам пришла фантазия сделать мне надпись, пошлите мнее ее в счастливую минуту, я ее вклею. Однако Вы можете теперь же забыть о сказанном, я Вас не буду стеснять ожиданьем. Два Ваших почитателя, муж и жена, просили меня переслать Вам письмо и сообщить им Ваш адрес и отослать письмо обратно. В нем не было ничего дурного, но оно слишком лазурно и безоблачно для пересылки. Зная Вас и Вашу нынешнюю грусть и хмурость, я не вправе поддерживать то прекрасное представление о поэте, которым дышит их обращенье, немного выспреннее и внепространственное.

Это бедные люди, каких очень много, что именно в похвалу им, а не в осуждение, он сын ветеринарного врача, пробовал сам писать. Его попытки свободны отт той блестящей безвкусицы и удачливости, которые так быстро и часто выводят на широкую дорогу, но его недостаткам не хватает гения, чтобы стать достоинствами, и таким образом шероховатое его тяжелодумье остается при нем в качестве некой колоритной черты, просящейся под перо какого-нибудь *нового* Достоевского или Писемского. Это скромные и очень достойные люди, но зачем я на их счет так расписался.

Я без всякого страха пишу Вам таким слогом с такими помарками и такой вздор.

От всего сердца желаю Вам здоровья.

Ваш Б. Пастернак.

Новый сборник Анны Ахматовой

Недавно в Ташкенте в издательстве „Советский писатель" вышел сборник стихотворений Анны Ахматовой.

Давно любимые и действительные в любом подборе, сильные, ясные и глубокие стихи о русской жизни, треволнениях молодости, превратностях истории и красотах природы. Среди многочисленных дополнений — новинки о войне, вылившиеся по-иному, нежели знаменитые ахматовские строки о четырнадцатом годе, стремительные, захватывающие стихотворения, написанные большим человеком с большой натуры.

Новый и благородный повод к восстановлению облика славной писательницы с самого основания, в ее роли смелой обновительницы, уравновешивающей гигантское беспорядочно-одухотворенное воздействие преобразователя Блока чертами своего нового, до последних слов договоренного реализма.

Две кровопролитных войны, их следы чуть ли не на каждой странице, и между ними известный силуэт с гордо занесенной головой, жизнь и деятельность несгибаемой, преданной, прямолинейной дочери народа и века, закаленной, привыкшей к утратам, мужественно готовой к испытаниям бессмертия.

Что еще прибавить к этому беглому перечню? Наш глаз с удовлетворением отыскивает записи последних лет, 39-го, 40-го и 41-го среди восхитительности остальных. Давнишняя ахматовская сжатость, плавность и свобода от принуждения, качества, отныне пушкинские до бесконечности, после того, как они были пушкинскими в квадрате и в кубе в ее всегда побеждавшем творчестве.

Борис Пастернак

Рецензия на книгу избранных стихов Анны Ахматовой

Вышла избранная Ахматова. Сборник лишний раз убеждает в том, что писательница никогда не умолкала и хоть урывками отзывалась на запросы времени.

Сборник сжат втрое против недавнего собрания „Из шести книг". Он пополнен множеством нового. Эти вещи, в большинстве напоминающие живую и увлекательную манеру „Ивы", последней книги Ахматовой, развивают ее и, вероятно, восходят к новой современной поэме Ахматовой, центральному ее труду, публично читанному, но еще не опубликованному взыскательным автором.

Сборник лишний раз показывает главную особенность Ахматовой — равноценность раннего и позднего ее периода. Составитель мог, не рискуя стилистической путаницей, ставить рядом ее стихи десятых и сороковых годов. Так, между стихотворением „Первый дальнобойный в Ленинграде", где приемом нынешней Ахматовой записано ощущение вражеского обстрела, и стихотворением „Памяти 19 июля 1914 года" с его знаменитыми строчками:

Мы на сто лет состарились, и это
Тогда случилось в час один... —

промежуток в 27 лет. Но это секрет их хронологии. Как следовали одна за другой эти войны в истории русского существования, так мысли, содержащиеся в обоих стихотворениях, выражены одним голосом и как бы в одно время.

Было бы странно назвать Ахматову военным поэтом. Но преобладание грозовых начал в атмосфере века сообщило ее творчеству налет гражданской значительности. Эта патриотическая нота особенно дорога сейчас и выделяется у Ахматовой совершенным отсутствием напыщенности и напряжения. Вера в родное небо и верность родной земле прорывается у нее помимо воли с легкостью природной походки. Эта нота национальной гордости была всегда главным отличием Ахматовой.

Следующей отличительной ее чертой мы назовем художественный реализм Ахматовой, ее неспособность расходиться с временем, прямоту и непосредственность ее самобытных и всегда своевременных наблюдений.

Эротической абстракции, в которую часто вырождается условное живое „ты" большинства стихотворных излияний, Ахматова противопоставила голос чувства в значении действительной интриги. Эту откровенность в отношении к жизни она разделяла с Блоком, едва еще тогда складывавшимся Маяковским, шедшим на сцене Ибсеном и Чеховым, с их интересом к значащим очевидностям и сильным людям. Это придавало „Вечеру" и „Четкам", первым книгам Ахматовой, оригинальный драматизм и повествовательную свежесть прозы. Образцы этих стихотворений есть в разбираемой книге („Песня последней встречи", „Сжала руки под темной вуалью", „Столько просьб у любимой всегда", „Настоящую нежность не спутаешь" и др.). Их, однако, мало и могло бы быть больше.

Именно они глубже всего врезались в память читателей и по преимуществу создали имя лирике Ахматовой. Когда-то они оказали огромное влияние на манеру чувствования, не говоря уже о литературной школе своего времени. Судить теперь об этих стихах без суда над подражателями невозможно, и характеристика Ахматовой с этой стороны дает скорее понятие о мере ее славы и популярности, чем об истинном существе ее патетической музы.

Однако, ее слова о женском сердце не были бы так горячи и ярки, если бы и при взгляде на более широкий мир природы и истории, глаз Ахматовой не поражал легкостью и правильностью. Все ее изображенья, будь то образ лесного захолустья или шумного обихода столицы, держатся на редкостном чутье подробностей. Умение вдохновенно выбирать их и обозначать коротко и точно избавило ее от ненужной и ложной образности многих современников. В ее описаниях всегда присутствуют черты и частности, которые превращают их в исторические картины века. По своей способности освещать эпоху они стоят рядом со зрительными достоверностями Бунина.

Составитель отобрал драгоценный и давно прославленный материал с должным вкусом и пониманием.

Примечание автора:
Предназначалось для „Литературы и искусства" осенью 1943 года, откуда и „трезвость" и объективность тона!
1.XI.44
Борис Пастернак.

ДЕСЯТЬ ПИСЕМ АННЫ АХМАТОВОЙ

Публикация, вступительная статья и примечания Э. Г. Г е р ш т е й н

Письма Ахматовой-гимназистки (тогда еще Анны Горенко) публикуются впервые. Известна только одна выдержка из письма от 13 марта 1907 г., касающаяся издания в Париже русского журнала *Сириус* и опубликованная в начале 20-х годов Э. Ф. Голлербахом. Но эта часто перепечатывающаяся цитата окружена интригующими недомолвками: не указывается ни местонахождение письма, ни характер всей переписки, скрыто даже имя адресата. Теперь мы можем его назвать. Это муж старшей сестры Анны Андреевны, Инны, литератор, переводчик славянской поэзии на русский язык, приват-доцент Сергей Владимирович фон Штейн (1882—1951). В период переписки со своячницей он был уже вдовцом. Инна Андреевна скончалась в 22-летнем возрасте от туберкулеза. Фон Штейн женился вторично, вероятно, в 1908 г.

В начале 20-х годов он навсегда покинул Советскую Россию, а его бывшая жена вышла замуж за Э. Голлербаха. Оказавшись таким образом владельцем архива фон Штейна, Голлербах передал 8 апреля 1935 г. в Государственный литературный музей „десять писем Анны Андреевны Горенко-Ахматовой при условии, что они не будут опубликованы при жизни Ахматовой (ни целиком, ни в выдержках)". Сейчас эти письма хранятся в Центральном государственном архиве литературы и искусства (фонд С. В. Штейна, № 1298). Они печатаются полностью, в заново установленной хронологической последовательности (предположительные датировки Э. Голлербаха оказались неверными). Датировки публикатора заключены в квадратные скобки.

Публикуемые письма относятся к периоду, описанному через 60 лет самой Ахматовой в заметке "Коротко о себе": "В 1905 году мои родители расстались, и мама с детьми уехала на юг. Мы целый год прожили в Евпатории, где я дома проходила курс предпоследнего класса гимназии, тосковала по Царскому Селу и писала великое множество беспомощных стихов. Отзвуки революции пятого года глухо доходили до отрезанной от мира Евпатории. Последний класс проходила в Киеве, в Фундуклеевской гимназии, которую и окончила в 1907 году. Я поступила на юридический факультет Высших Женских курсов в Киеве. /.../ В 1910 г. (25 апреля) я вышла замуж за Н. С. Гумилева, и мы поехали на месяц в Париж".[1] Эта сжатая ретроспективная автохарактеристика наполняется живыми подробностями в письмах Анны Горенко. Картину гнетущей жизни в Крыму мы можем дополнить еще одним штрихом, который Анна Андреевна привела в конце жизни, беседуя с пишущей эти строки. Вспоминая мать, она показала, как

Инна Эразмовна часами просиживала в глубокой задумчивости, не замечая, что беспрерывно стучит пальцами по столу. Этот монотонный звук навел даже соседей на мысль о нелегальном типографическом станке, на котором студент Андрей Горенко якобы печатал революционные прокламации. Врезающийся в память образ удрученной женщины объясняет жалость к матери и неприязнь к отцу, отразившиеся в письмах Анны Андреевны с юга.

Для биографии Ахматовой важно упоминание о болезни, помешавшей ей сразу по окончании гимназии поступить на Высшие курсы. Активный процесс в легких (впоследствии зарубцевавшийся) открылся у Анны Андреевны позже, но эта болезнь была почти у всех детей Горенко. Еще до рождения Анны умерла в раннем детстве первая дочь, Ирина; в 1905 г. скончалась как уже говорилось, Инна Андреевна фон Штейн, а в 1922 г. от туберкулеза умерла младшая сестра Ахматовой, Ия Андреевна Горенко. Таким образом, боязнь чахотки, высказанная в осеннем письме 1907 г., возникла не из-за юношеской мнительности, а вследствие реальной угрозы, сопутствовавшей всей молодости Ахматовой. Этим объясняются мотивы обреченности и предчувствия близкой смерти, часто звучащие в ее раннем творчестве.

Видимо, болезнь сыграла свою роль и в откладывании свадьбы Анны Андреевны, которая произошла только через три года после обручения.

Письма представляют значительный историко-литературный интерес. Мы встречаем здесь два из "великого множества" неизвестных в печати крымских стихотворений Ахматовой. Одно ("Я умею любить") полностью, другое ("Весенний воздух властно смел") в выдержке. Они дают материал для изучения процесса созревания мастерства молодого поэта. В оценках современной поэзии Анна Горенко уже в ту раннюю пору обнаруживает тонкий литературный вкус. Он сквозит в деликатном замечании о предпочтении прозы Фон Штейна его бледным стихам, в скрытой иронии с какой она излагает преувеличенно восторженные отзывы киевлян о произведениях талантливого прозаика Д. Айзмана. Делает честь юной читательнице новой поэзии наблюдение о зависимости второй книги стихов А. Блока от творчества В. Брюсова. Очевидно, Анна Андреевна находилась под сильным впечатлением от недавно вышедшего сборника В. Брюсова *Венок*. В самые значительные минуты своей жизни она привлекает два стихотворения из этой книги для описания своего душевного состояния (см. письмо 5). В Фундуклеевской гимназии, на уроке психологии, который вел известный философ Г. Г. Шпет, она цитирует стихотворение "Фонарики" из той же книги. Об этом рассказывает в своих неопубликованных воспоминаниях бывшая одноклассница Анны Горенко В. Беер. "Сегодня урок посвящен ассоциативным представлениям,—пишет она—Густав Густавович предлагает нам самостоятельно привести ряд примеров из жизни или из литературы /.../ Дружным смехом сопровождается напоминание о том, как мистрис Никкльби из романа Диккенса *Николас Никкльби,* пользовавшегося у нас тогда большим успехом, погожее майское утро связывает с поросенком жареным с луком. И вдруг раздается спокойный, не то ленивый, не то монотонный голос:

Столетия — фонарики! о, сколько вас во тьме,
На прочной нити времени, протянутой в уме!

Торжественный размер, своеобразная манера чтения, необычные для нас образы заставляют насторожиться. Мы все смотрим на Аню Горенко, которая даже не встала, а говорит, как во сне.

Легкая улыбка, игравшая на лице Густава Густавовича, исчезла."Чьи это стихи?" — проверяет он ее. Раздается слегка презрительный ответ: "Валерия Брюсова". О Брюсове слышали тогда очень немногие из нас, а знать его стихи так, как Аня Горенко, никто, конечно, не мог. "Пример госпожи Горенко очень интересен", — говорит Густав Густавович. И он продолжает чтение и комментирование стихотворения, начатого Горенко"[2].

Впоследствии Ахматова изменила свое отношение к Брюсову.

Но уже в ту пору определились некоторые темы, характерные для лирики Ахматовой на протяжении всего ее творческого пути: высокое представление о дружбе и одухотворенное чувство неразделенной любви. Мы ощущаем п о э т а и в непреодолимой тяге к самовыражению, вылившейся в этих доверчивых письмах с подкупающим изяществом.

+ + + + + +

1

[1906]

Мой дорогой Сергей Владимирович,

простите и Вы меня, я в тысячу раз более виновата в этой глупой истории, чем Вы.

Ваше письмо бесконечно обрадовало меня, и я буду очень счастлива возвратиться к прежним отношениям, тем более что более одинокой, чем я, даже быть нельзя.

Мой кузен Шутка называет мое настроение "неземным равнодушием", и мне кажется, что он-то совсем не равнодушен, и, на мое горе, ко мне.

Все это, впрочем, скучная чепуха, о которой так не хочется думать.

Хорошие минуты бывают только тогда, когда все уходят ужинать в кабак или едут в театр, и я слушаю тишину в темной гостиной. Я всегда думаю о прошлом, оно такое большое и яркое. Ко мне здесь все очень хорошо относятся, но я их не люблю.

Слишком мы разные люди. Я все молчу и плачу, плачу и молчу. Это, конечно, находят странным, но так как других недостатков я не имею, то пользуюсь общим расположением.

С августа месяца я день и ночь мечтала поехать на Рождество в Царское, к Вале, хоть на 3 дня. Для этого я, собственно говоря, жила все это время, вся замирая от мысли, что буду там, где ... ну, да все равно.

И вот Андрей объяснил мне, что ехать немыслимо, и в голове такая холодная пустота. Даже плакать не могу.

Мой милый Штейн, если бы Вы знали, как я глупа и наивна! Даже стыдно перед вами сознаться: я до сих пор люблю В. Г.-К. И в жизни нет ничего, ничего, кроме этого чувства.

У меня невроз сердца от волнений, вечных терзаний и слез. После Валиных писем я переношу такие припадки, что иногда кажется, что уже кончаюсь.

Может быть, глупо, что я Вам это говорю, но хочется быть откровенной и не с кем, а Вы поймете. Вы такой чуткий и так хорошо меня знаете.

Хотите сделать меня счастливой? Если да, то пришлите мне его карточку. Я дам переснять и сейчас же вышлю Вам обратно. Может быть, он дал Вам одну из последних. Не бойтесь, я не "зажилю", как говорят на юге.

Вы хороший, что написали мне. Я Вам страшна благодарна. Что Вы делаете, думаете и видаете ли Валерию?

Ваша Аня.

P. S. Тоника советую сунуть в ... Андрей говорил мне, что он все тот же. Куда Вам писать?

Мой адрес: Г. Киев. Меринговская ул., д. №7, кв. 4. А. А. Горенко.

Валя — Валерия Сергеевна Срезневская (урожденная Тюльпанова) подруга Анны Андреевны по царскосельской гимназии. Ей посвящено стихотворение 1913 г. "Вместо мудрости — опытность". В 1964 г. Ахматова написала стихотворение ее памяти: "Почти не может быть, ведь ты была всегда", вошедшее в книгу *Бег времени* (М. — Л., 1965).

Андрей — старший брат Ахматовой Андрей Андреевич Горенко (1886-1920).

В. Г.-К. — Владимир Викторович Голенищев-Кутузов. Вероятно, к нему относится стихотворный цикл "Смятение" (1913) — лирическая новелла в трех главах, напоминающая историю любви Ахматовой к Голенищеву-Кутузову.

Тоника советую... — смысл этой недописанной фразы остается неясным.

2

/1906/

Киев, Меринговская, 7, кв. 4

Мой дорогой Сергей Владимирович, совсем больна, но села писать Вам по очень важному делу: я хочу ехать на Рождество в Петербург. Это невозможно, во-первых, потому, что денег нет, а во-вторых, потому, что папа не хочет[1] этого. Ни в том, ни в другом Вы помочь мне не можете, но дело не в этом. Напишите мне, пожалуйста, тотчас же по получении этого письма, будет ли Кутузов на Рождество в Петербурге. Если нет, то я остаюсь с спокойной душой, но если он никуда не едет, то я поеду. От мысли, что моя поездка может не состояться, я заболела (чудное средство добиться чего-нибудь), у меня жар, сердцебиение, невыносимые головные боли. Такой страшной Вы меня никогда не видели.

Денег нет. Тетя пилит. Кузен Демяновский объясняется в любви каждые 5 минут (узнаете слог Диккенса?). Что мне делать?

Когда приеду, расскажу Вам одну удивительную историю, только напомните, я теперь все забываю.

Знаете, милый Сергей Владимирович, я не сплю уже четвертую ночь. Это ужас, такая бессонница. Кузина моя уехала в имение, прислугу отпустили, и когда я вчера упала в обморок на ковер, никого не было в целой квартире. Я сама не могла раздеться, а на обоях чудились страшные лица! Вообще скверно!

У меня есть предчувствие, что я так-таки и не поеду в Петербург. Слишком уж я этого хочу.

Между прочим, могу сообщить Вам, что бросила курить. За это кузены чествовали меня.

Сергей Владимирович, если бы /Вы/ видели, какая я жалкая и ненужная. Главное, ненужная, никому, никогда. Умереть легко. Говорил Вам Андрей, как я в Евпатории вешалась и гвоздь выскочил из известковой стенки? Мама плакала, мне было стыдно — вообще скверно.

Летом Федоров опять целовал меня, клялся, что любит, и от него опять пахло обедом.

Милый, света нет.

Стихов не пишу. Стыдно? Да и зачем?

Отвечайте скорее о Кутузове.

Он для меня — в с е.

Ваша Аннушка.

P. S. Уничтожайте, пожалуйста, мои письма. Нечего и говорить, конечно, что то, что я Вам пишу, не может быть никому известно. *Аня.*

---

[1]. Не захочет (?) — неразб., дважды поправлено.

3

31 декабря 1906 г.

Дорогой Сергей Владимирович, сердечный припадок, продолжавшийся почти непрерывно 6 дней, помешал мне сразу ответить Вам. Неприятности сыплются как из рога изобилия, вчера мама телеграфировала, что у Андрея скарлатина.

Все праздники я провела у тети Вакар, которая меня не выносит. Все посильно издевались надо мной, дядя умеет кричать, не хуже папы, а если закрыть глаза, то иллюзия полная. Кричал же он два раза в день: за обедом и после вечернего чая. Есть у меня кузен Саша. Он был товарищем прокурора, теперь вышел в отставку и живет эту зиму в Ницце. Ко мне этот человек относился дивно, так что я сама была поражена, но дядя Вакар его ненавидит, и я была, право, мученицей из-за Саши.

Слова "публичный дом" и "продажные женщины" мерно чередовались в речах моего дядюшки. Но я была так равнодушна, что ему надоело, наконец, кричать, и последний вечер мы провели в мирной беседе.

Кроме того, меня угнетали разговоры о политике и рыбный стол. Вообще скверно!

Может быть, Вы пришлете мне в заказном письме карточку Кутузова? Я только дам сделать с нее маленькую для медалиона и сейчас же вышлю Вам. Я буду Вам за это бесконечно благодарна.

Что он будет делать по окончании университета? Отчего Вы не телеграфировали мне, как было условлено? Я день и ночь ждала телеграмму, приготовила деньги, платья, чуть билет не взяла.

Но уж такое мое счастие, видно!

Сейчас я одна дома, принимаю визиты, а в промежутках пишу Вам. Это, конечно, не способствует стройности моего письма — но Вы простите, да?

Пишите, когда будет время, о себе, Мы так давно не виделись. Я буду на днях сниматься. Прислать Вам карточку?

P. S. Тысяча пожеланий на Новый Год.

Тетя Вакар — старшая сестра матери Ахматовой, Анна Эразмовна (урожденная Стогова).

4

/январь 1907 г./

Милый Сергей Владимирович.

Если бы знали, какой Вы злой по отношению к Вашей несчастной belle-soeur.⁺ Разве так трудно прислать мне карточку и несколько

⁺Свояченица (франц.).

слов.

Я так устала ждать!

Ведь я жду ни больше ни меньше как 5 месяцев.

С сердцем у меня совсем скверно, и только оно заболит, левая рука совсем отнимается. Мне не пишут из дому, как здоровье Андрея, и поэтому я думаю, что ему плохо.

Может быть, и Вы больны, что так упорно молчите. Я кончила жить, еще не начиная. Это грустно, но это так. Где ваши сестры? Верно, на курсах, о, как я им завидую. Уж, конечно, мне на курсах никогда не бывать, разве на кулинарных.

Сережа! Пришлите мне карточку Г.-К. Прошу Вас в последний раз, больше, честное слово, не буду.

Я верю, что Вы хороший, настоящий друг, хотя Вы, как никто, знаете меня.

Ecrivez++

Аня.

Это письмо условно датировано Э.Ф. Голлербахом 10 января 1907 г. по штемпелю на конверте. Дата эта не противоречит смыслу письма, но мы отказались от датировок по конвертам, так как некоторые письма вложены кем-то явно неправильно.

++Пишите.

5

2 февраля 1907 г.

Милый Сергей Владимирович, это четвертое письмо, которое я пишу Вам за эту неделю. Не удивляйтесь, с упрямством, достойным лучшего применения, я решила сообщить Вам о событии, которое должно коренным образом изменить мою жизнь, но это оказалось так трудно, что до сегодняшнего вечера я не могла решиться послать это письмо. Я выхожу замуж за друга моей юности Николая Степановича Гумилева. Он любит меня уже 3 года, и я верю, что моя судьба быть его женой. Люблю ли его, я не знаю, но кажется мне, что люблю. Помните у В. Брюсова:

Сораспятая на муку,
Враг мой давний и сестра!
Дай мне руку! дай мне руку!
Меч взнесен! Спеши! Пора!

И я дала ему руку, а что было в моей душе, знает бог и Вы, мой верный, дорогой Сережа. Оставим это

...всем судило Неизбежное,
Как высший долг, — быть палачом.

Меня бесконечно радуют наши добрые отношения и Ваши письма, светлые желанные лучи, которые так нежно ласкают мою больную душу.

Не оставляйте меня теперь, , когда мне особенно тяжело, хотя я знаю, что мой поступок не может не поразить Вас.

Хотите знать, почему я не сразу ответила Вам: я ждала карточку Г.-К. и только после получения ее я хотела объявить Вам о своем замужестве. Это гадко, и чтобы наказать себя за такое малодушие, я пишу сегодня, и пишу все, как мне это ни тяжело.

Вы пишете стихи! Какое счастье, как я завидую Вам. Мне нравятся Ваши стихотворения, я вообще люблю Ваш стиль.

Тетрадь Ваших стихов у нас, и когда я вернусь домой, я вышлю ее Вам, если Андрей не предупредил меня. Я не пишу ничего и никогда писать не буду. Я убила душу свою, и глаза мои созданы для слез, как говорит Иоланта. Или помните вещую Кассандру Шиллера? Я одной гранью души примыкаю к темному образу этой великой в своем страдании пророчицы. Но до величия мне далеко.

Не говорите никому о нашем браке. Мы еще не решили, ни где, ни когда он произойдет. Э т о — т а й н а, я даже Вале ничего не написала.

Пишите мне, Сергей Владимирович, мне стыдно просить об этом, отнимать у Вас время, которое Вам так дорого, но Ваши письма — такая радость.

Зачем Вы называете меня Анна Андреевна? Ведь последний год в Царском эти церемонии уже совершенно вышли из употребления. Я — другое дело, Но ведь разница в годах и положении играет большую роль.

Пришлите мне, несмотря ни на что, карточку Вл. Викт. Ради бога, я ничего на свете так сильно не желаю.

Ваша Аня.

P. S. Стихи Феодорова, за немногими исключениями, действительно слабы. У него неяркий и не (sic) довольно сомнительный талант. Он не поэт, а мы, Сережа, — поэты. Благодарю Вас за Сонеты, я с удовольствием их читала, но должна сознаться, что больше всего мне понравились Ваши заметки. Не издает ли А. Блок новые стихотворения — моя кузина — его большая поклонница.

Нет ли у Вас чего-нибудь нового Н. С. Гумилева? Я совсем не знаю, ч т о и как он теперь пишет, а спрашивать не хочу.

Люблю ли его, я не знаю... и далее — измененная строка из стихотворения Алексея Толстого "Средь шумного бала, случайно".

"Сораспятая на муку..." и далее — заключительная строфа стихотворения

В. Брюсова "В Застенке" (из цикла "Из ада изведенные"). У Брюсова вторая строка читается: "Давний враг мой и сестра!" См. *Брюсов Валерий.* Венок. Стихи 1903—1905 гг. М., Изд-во "Скорпион", 1906, с. 67, 68. Ср. *Брюсов В. Я.* Избранные стихотворения. Л., "Советский писатель", 1961. "Библиотека поэта", большая серия, стр. 254, где то же стихотворение напечатано под заглавием "Пытка".

"*...всем судило Неизбежное*" и далее — из стихотворения В. Брюсова ("Тезей Ариадне") (из цикла "Правда вечная кумиров"), "Венок", с. 45, 46; "Библиотека поэта" — с. 248.

Иоланта — главная героиня одноименной оперы П. И. Чайковского.

Нет ли у Вас... — приписка вверху страницы в обратном направлении к тексту письма.

6

/февраль 1907 г./

Мой дорогой Сергей Владимирович, я еще не получила ответа на мое письмо и уже снова пишу. Мой Коля собирается, кажется, приехать ко мне — я так безумно счастлива. Он пишет мне непонятные слова, и я хожу с письмом к знакомым и спрашиваю объяснение. Всякий раз, как приходит письмо из Парижа, его прячут от меня и передают с великим предосторожностями. Затем бывает нервный припадок, холодные компрессы и общее недоумение. Это от страстности моего характера, не иначе. Он так любит меня, что даже страшно. Как Вы думаете, что скажет папа, когда узнает о моем решении? Если он будет против моего брака, я убегу и тайно обвенчаюсь с Nicolas. Уважать отца я не могу, никогда его не любила, с какой же стати буду его слушаться. Я стала зла, капризна, невыносима. О Сережа, как ужасно чувствовать в себе такую перемену. Не изменяйтесь, дорогой, хороший мой друг. Если я буду жить в будущем году в Петербурге, Вы будете у меня бывать, да? Не оставляйте меня, я себя ненавижу, презираю, я не могу выносить этой лжи, опутавшей меня...

Скорее бы кончить гимназию и поехать к маме. Здесь душно! Я сплю 4 ч.[+] в сутки вот уже 5-й месяц. Мама писала, что Андрей поправился, я поделилась с ним моей радостью, но он мне (увы!) не поверил.

Целую Вас, мой дорогой друг.
Аня

[+] В подлиннике 14 ч., считаем это опиской; см. письмо 2-е.

11 февраля 1907 г.

Мой дорогой Сергей Владимирович, не знаю, как выразить бесконечную благодарность, которую я чувствую к Вам. Пусть бог пошлет Вам исполнения Вашего самого горячего желания, а я н и к о г д а, н и к о г д а не забуду того, что Вы сделали для меня. Ведь я пять месяцев ждала его карточку, на ней он совсем такой, каким я знала его, любила и так безумно боялась: элегантный и такой равнодушно-холодный, он смотрит на меня усталым, спокойным взором близоруких светлых глаз.   Il est intimidant* по-русски этого нельзя выразить.   Как раз сегодня Наня купила второй сборник стихов Блока. Очень многие вещи поразительно напоминают В. Брюсова. Напр. стих /отворение/ "Незнакомка", стр. 21, но оно великолепно, это сплетение пошлой обыденности с дивным ярким видением. Под моим влиянием кузина выписывает "Весы", в этом году они очень интересны. судя по объявлению. Если бы Вы знали, мой дорогой Сергей Владимирович, как я Вам благодарна за то, что Вы ответили мне. Я совсем пала духом, не пишу Вале и жду каждую минуту приезда Nicolas. Вы ведь знаете, какой он безумный, вроде меня. Но довольно о нем. Я когда-то проиграла Мешкову пари — мои стихи. Вероятно, он поэтому спрашивал Вас о них. Я хочу послать ему анонимно маленькую поэму, которая посвящается нашим прогулкам летом 1905 г. Если случайно знаете его адрес, сообщите, пожалуйста. Мы кутим, и Сюлери играет главную роль в наших развлечениях. Отчего Вы думали, что я замолчу после получения карточки? О нет! я слишком счастлива, чтобы молчать. Я пишу Вам и знаю, что он здесь, со мной, что я могу его видеть, — это безумно хорошо. Сережа! я не могу оторвать от него душу мою. Я отравлена на всю жизнь, горек яд неразделенной любви! Смогу ли я снова начать жить? Конечно, нет! Но Гумилев — моя Судьба, и я покорно отдаюсь ей. Не осуждайте меня, если можете. Я клянусь Вам всем для меня святым, что этот несчастный человек будет счастлив со мной.

Посылаю Вам одно из моих стихотворений. Оно растянуто и написано без искры чувства. Не судите меня как художественный критик, а то мне заранее страшно. В Вашем последнем письме Вы говорите, что написали что-то новое. Пришлите, я буду ужасно (женское слово) рада видеть Ваши стихи. Вот хорошо, если бы мы когда-нибудь встретились. Еще раз благодарю Вас за карточку, Вы не знаете, что Вы сделали для меня, мой хороший!

+Запугивающий, вызывающий робость (франц.).

...Я УМЕЮ ЛЮБИТЬ

Я умею любить.
Умею покорной и нежною быть.
Умею заглядывать в очи с улыбкой,
Манящей, призывной и зыбкой.
И гибкий мой стан так воздушен
                            и строен
И нежит кудрей аромат.
О, тот, кто со мной, тот душой
                            неспокоен
И негой объят...
Я умею любить. Я обманно
                            стыдлива.
Я так робко нежна и всегда
                            молчалива,
Только очи мои говорят.
        Они ясны и чисты,
        Так прозрачно-лучисты,
        Они счастье сулят.
Ты поверишь, — обманут,
Лишь лазурнее станут
И нежнее и ярче они,
Голубого сиянья огни.
И в устах моих алая нега,
Грудь белее нагорного снега,
    Голос — лепет лазоревых струй.
        Я умею любить. Тебя ждет
                поцелуй.

Евпатория, 1906 г.

Наня — двоюродная сестра Анны Андреевны, Марья Александровна Змунчилла, впоследствии на ней женился Андрей Андреевич Горенко. Ей посвящен стихотворный цикл "Обман", напечатанный в сборнике "Вечер". При перепечатке в "Четках" в посвящении указана новая фамилия кузины Ахматовой.

Дата под стихотворением "Я умею любить" написана карандашом неизвестной рукой.

8

Киев, 13 марта 1907 г.

Мой дорогой Сергей Владимирович, я прочла Ваше письмо, и мне стало стыдно за свою одичалость. Только вчера я достала "Жизнь человека", остальных произведений, о которых Вы пишете, я совсем не знаю. Мне вдруг захотелось в Петербург, к жизни, к книгам. Но я вечная скиталица по чужим, грубым и грязным городам, какими были Евпатория и Киев, будет Севастополь, я давно потеряла надежду. Живу отлетающей жизнью так тихо, тихо. Сестра вышивает ковер, а я читаю ей вслух французские романы или Ал. Блока. У нее к нему какая-то особенная нежность. Она прямо боготворит его и говорит, что у нее вторая половина его души. Напишите, какого у вас в кружке мнения о Давиде Айзмане. Его сравнивают с Шекспиром, и это меня смущает. Неужели будем мы современниками гения? Летом наша семья будет жить на даче около Севастополя. В первых числах июня я еду туда и буду в восторге, если Вы заедете к нам. Мы так давно не виделись!

Мое стихотворение "На руке его много блестящих колец" напечатано во 2-м номере "Сириуса", может быть, в 3-м появится маленькое стихотворение, написанное мною уже в Евпатории. Но я послала его слишком поздно и сомневаюсь, чтобы оно было напечатано.

Но если это случится, то напишите мне о нем Ваше откровенное мнение и покажите еще кому-нибудь из поэтов. Профаны хвалят его — это дурной признак. Не стесняйтесь, критикуя мое стихотворение или передавая отзывы других, — ведь я больше не пишу. Мне все равно! Все ушло из души вместе с единственным освещавшим ее светлым и нежным чувством. Мне кажется, Вы хорошо понимаете меня.

> ...Из белых роз мне свей венок,
> Венок душисто-снежных роз,
> Ты тоже в мире одинок,
> Ненужной жизни тяжесть нес,

Говорила я когда-то в крымском стихотворении "Весенний воздух властно смел".

Зачем Гумилев взялся за "Сириус"? Это меня удивляет и приводит в необычайно веселое настроение. Сколько несчастиев наш Микола перенес, и все понапрасну. Вы заметили, что сотрудники почти все так же известны и почтенны, как я? Я думаю, что нашло на Гумилева затмение от господа. Бывает!

Аннушка.

P. S. Когда кончатся экзамены Г.—К.?

"Жизнь человека" — драма Леонида Андреева.
У вас в кружке — подразумевается "Кружок поэтов им. К. К. Случевского"
Давид Айзман (1869—1922) — прозаик, примыкавший к группе писателей, печатавшихся в сборниках "Знание".
"Сириус" — журнал, издававшийся Н. С. Гумилевым в Париже на русском языке. Известны три номера, в 3-м стихотворение А. Горенко отсуствует (см.

Крюков А. С. О первых публикациях А. А. Ахматовой. — "Уч. зап. Тартуск. Гос ун-та", вып. 209. Труды по русской и славянской филологии X1. Литературоведение. Тарту, 1968, с. 295, 296).

9

/1907/

Дорогой Сергей Владимирович, хотя Вы прекратили со мной переписку весной этого года, у меня все-таки явилось желание поговорить с Вами.

Не знаю, слышали ли Вы о моей болезни, которая отняла у меня надежду на возможность счастливой жизни. Я болела легкими (э т о с е к р е т), и, может быть, мне грозит туберкулез. Мне кажется, что я переживаю то же, что Инна, и теперь ясно понимаю состояние ее духа. Так как я скоро собираюсь покинуть Россию очень надолго, то решаюсь побеспокоить Вас просьбой прислать мне что-нибудь из Инниных вещей на память о ней. Тетя Маша хотела бы передать мне дедушкин браслет, кторый был у Инны, и если Вы исполните ее просьбу, я буду Вам бесконечно благодарна. Но дело осложняется тем, что это вещь ценная, и я очень боюсь, как бы Вы не подумали, что я хочу иметь украшение, а не память. Вы так давно не видели меня, и Вам может показаться, что я пускаюсь на аферу. Прошу Вас, Сергей Владимирович, если у Вас явится такая мысль, не присылайте браслета или не отвечайте мне на это письмо, и тогда я его не хочу. Надеюсь, этого не будет, ведь когда-то мы были друзьями, и если Вы изменились ко мне, то я нисколько к Вам.

Не пишите тете Маше, что я говорила Вам о браслете. Она может это неверно понять.

Не говорите, пожалуйста, никому о моей болезни. Даже дома — если это возможно. Андрей с 5 сентября в Париже, в Сорбонне. Я болею, тоскую и худею. Был плеврит, бронхит и хронический катар легких. Теперь мучаюсь с горлом. Очень боюсь горловую чахотку. Она хуже легочной. Живем в крайне нужде. Приходится мыть полы, стирать.

Вот она, моя жизнь! Гимназию кончила очень хорошо. Доктор сказал, что курсы — смерть. Ну, и не иду — маму жаль.

Увидя меня, Вы бы, наверно, сказали: "Фуй, какой морд".

Sic transit gloria mundi.

Прощайте! Увидимся ли мы?

Аннушка.

Г. Севастополь, Малая морская №43, кв. 4.

Гимназию окончила очень хорошо — аттестат об окончании Анной Горенко Фундуклеевской гимназии датирован 28 мая 1907 г. (сообщено А. С. Крюковым).

.... курсы — смерть. Ну, и не иду... — позднее Ахматова (Горенко) поступила на юридический факультет Высших женских курсов в Киеве, а переехав в 1910 г. в Петербург, училась на Высших историко-литературных курсах Раева (см. "Коротко о себе" в вышеуказанной книге, с. 31).

Письмо вложено в конверт с почтовым штемпелем 9 декабря 1908 г. но, по-видимому, эта дата другого, утраченного письма. По содержанию это письмо можно отнести только к концу 1907 г. (после 5 сентября).

+Так проходит земная слава! (лат.).

10

Открытое письмо с почтовым штепелем
29 октября 1910 г. Киев.

На днях возвращаюсь в Царское. Напоминаю Вам Ваше обещание навестить меня. Пожалуйста, передайте мое приглашение Екатерине Владимировне. О дне сговоримся по телефону. Здесь я проболела 2 недели.

Жму Вашу руку.
Анна Гумилева.

Э. Г. Герштейн

МЕМУАРЫ И ФАКТЫ
(об освобождении Льва Гумилева)

В книгах Надежды Мандельштам *Воспоминания* (1970) и *Вторая книга* (1972)[1] рассказано о том, как мемуаристка хлопотала у секретаря Союза писателей об освобождении Льва Николаевича Гумилева. По ее словам А. А. Сурков „отрекся от Левы Гумилева" после венгерских событий, и сына Ахматовой освободила „специальная комиссия" после XXII съезда партии. Это не соответствует истине. Л.Н. Гумилев был освобожден 14 мая 1956 г., а венгерские события разыгрались через полгода (октябрь-ноябрь 1956), XXII съезда происходил в 1961 г., а „специальные комиссии" были созданы на местах после XX съезда, который происходил в феврале 1956 г. Одна из таких комисий, действительно, освободила и реабилитировала Л.Н. Гумилева, но в это время дело его уже было опротестовано Генеральным Прокурором, и 2 июня 1956 г. Верховный Суд СССР в свою очередь вынес решение о реабилитации.

Все это имеет прямое отношение к биографии Анны Ахматовой и принадлежит истории. Поэтому я считаю целесообразным подробно изложить как было дело.

Лев Николаевич Гумилев был арестован 6 ноября 1949 г. Я узнала об этом в декабре от одной ленинградки, которая видела Анну Андреевну на приеме у городского прокурора. По словам моей знакомой, из-за двери кабинета слышались грубые мужские окрики, затем оттуда вышла высокая женщина с гордо откинутой головой, вся ее фигура выражала напряженное страдание. „Кто это?" — невольно спросила моя собеседница. Ей шепнули из очереди: „Это — Ахматова. Она пришла сюда из-за сына".

Я отправилась к Ардовым, ужасная весть подтвердилась. „Что же вы мне не сказали?" — „А чем вы могли мне помочь?" — ответила Нина Антоновна и сообщила, что, лежа одна, в нетопленной комнате, Анна Андреевна написала стихи Сталину и переслала их ей, Ольшевской. Нина передала их А. А. Фадееву. Стихи были напечатаны в *Огоньке* в начале 1950 г.

В первый же визит к ленинградскому прокурору Анна Андреевна узнала, что Лев отправлен в Москву. Она приезжала сюда раз в месяц, передавала в окошко Лефортовской тюрьмы 200 р. и получала расписку. Она просила меня запомнить, что эти деньги ей давала М.С.Петровых.

В сентябре 1950 г. приговор был вынесен: 10 лет в лагерях строгого режима. Льва Николаевича отправили в Карагандинскую область. Переписка была ограничена. Ежемесячно Анна Андреевна отправляла сыну продовольственные посылки (общий вес не более 8 кило вместе с ящиком), которые собирала и увозила куда-то загород на почту NN — сослуживица Льва Николаевича по Этнографическому музею.

Весной 1951 г. Анна Андреевна надолго задержалась в Москве. Она жила у Ардовых. В мае я спросила ее, идут ли посылки Леве. Оказалось, что в Ленинграде Анна Андреевна денег на это не оставляла, так как намеревалась посылать сама из Подмосковья, но это ей не удавалось. Однажды Анна Андреевна поехала загород к Эренбургу, я посоветовала ей послать оттуда — она посмотрела на меня с ужасом: это было бы величайшей бестактностью по отношению к Илье Григорьевичу.

28 мая 1951 г. Анну Андреевну положили в больницу с диагнозом ,,предынфарктное состояние", и уже там у нее был тяжелый инфаркт. Когда она пришла в себя, я с чрезвычайными предосторожностями (в палате было шесть человек) посоветовалась с ней насчет организации и финансирования ею посылки Леве и выполнила все ее поручения. С тех пор во время пребывания Анны Андреевны в Ленинграде посылки продолжала отправлять NN, а когда Ахматова жила в Москве, это стало моей обязанностью. Деньги у Анны Андреевны уже появились — она начала заниматься переводами.

После смерти Сталина все помыслы Анны Андреевны были направлены на освобождение Льва Николаевича. Однако положение долгое время оставалось неопределенным. В каждой школе и учреждении продолжали изучать постановление Центрального Комитета партии 1946 года о журналах *Звезда* и *Ленинград,* в котором, как известно, Ахматову грубо поносили. Оставаясь, таким образом, опальной, Анна Андреевна не решалась обращаться в правительство с ходатайством о пересмотре дела своего сына. При этом многие ее убеждали, что получить отказ еще хуже, чем ничего не предпринимать.

Летом 1953 г. мы были на похоронах художника А.А. Осмеркина. К Ахматовой подошел архитектор Лев Владимирович Руднев, строивший тогда здание Московского университета на Ленинских Горах. Он сказал ей, что часто встречается с К. Е. Ворошиловым, который запросто называет его ,,борода". Руднев предложил свое посредничество для хлопот о Л. Н. Гумилеве. Анна Андреевна выждала еще некоторое время. В январе-феврале 1954 г., в Москве, она решилась воспользоваться предложением Руднева.

Надо было сочинить просьбу на имя Председателя Верховного Совета СССР (Ворошилова). На столе у Ахматовой уже лежал проект письма, составленный Лидией Корнеевной Чуковской. Мы повозились с текстом дополнительно, после чего я повезла письмо к Рудневу. Он жил в новом доме на одной из Садовых улиц, где-то между площадью Маяковского и Зубовской, занимая весь верхний этаж. Руднев при мне позвонил по телефону личному адъютанту Ворошилова, осведомился, знает ли он, кто такая Ахматова и, получив утвердительный ответ, спросил, возмется ли тот передать ее письмо прямо в руки Ворошилову. Адъютант согласился. Руднев при мне же написал Ворошилову от себя, заканчивая письмо уверением, что горе мешает Ахматовой писать стихи. На следующий день мы отправились с Анной Андреевной к будке у Троицких ворот Кремля, где, прельявив свой паспорт, Ахматова передала конверт с обоими письмами условленному лицу из комендатуры.

Обнадеженные, мы ждали быстрого результата.

Ответа не было. Прошло полгода.

— Это и есть ответ, — обьяснял мне Николай Иванович (Харджиев), — и советовал в следующем письме ориентироваться на подразумеваемый отказ. На этот раз прошение адресовалось Маленкову. Ахматовой уже было известно имя его референта, который должен был передать ее письмо. Но при таких условиях сочинить что-нибудь было очень трудно.

Уже летом В. Е. Ардов мне сказал, что письмо на имя Ахматовой пришло. Но оно было не из Верховного Совета, а из Прокуратуры СССР, которая извещала „гражданку Ахматову", что для пересмотра приговора Гумилеву нет никаких оснований.

Ардов хотел скрыть от Анны Андреевны этот казенный отказ, „подождем немного, пусть спадет жара", — озабоченно говорил он, но я противница таких методов. Обсуждая очередной вариант ходатайства перед правительством, я так повела речь, что Анна Андреевна сама спросила: „а может быть уже есть отказ?" Я подтвердила и протянула ей письмо.

Анна Андреевна вся подобралась, лицо ее стало жестким и отчужденным. После этого она более недели была больна, и не хотела меня видеть.

Ахматова считала, что после Постановления 1946 г. Ворошилов не стал бы единолично решать ее судьбу и, следовательно, сухой отказ, полученный через полгода после подачи просьбы в руки Ворошилова, исходил от нового правительства. Положение становилось безнадежным.

С тех пор Анна Андреевна прониклась убеждением, что подавать ходатайства от своего имени ей не следует.

Впоследствии я дважды имела случай убедиться в ее правоте. В первый раз — в Приемной Военной Прокуратуры, начальник которой был очень любезен со мной, когда я приходила говорить о деле Льва Николаевича, но Ахматову встретил волчьим взглядом, не отвечал на ее вопросы и даже не попросил ее сесть (и сам не сел). Второй раз, в разговоре с начальником следственной части Военной Прокуратуры, когда я услышала от него, что после первоначального отказа Прокуратуры СССР ставить дело Л. Гумилева на пересмотр очень трудно.

Между тем, не зная о первом отказе и не понимая политического положения Ахматовой, некоторые люди распускали слухи, что Анна

Андреевна бездействует и не хочет хлопотать о сыне.

NN уговаривала Анну Андреевну, чтобы она связалась с Н. И. Г., недавно вернувшейся из лагеря и реабилитированной. NN была уверена, что стоит Ахматовой написать в Верховный Совет или в другую высокую инстанцию, а Н. И. Г. попросить Г. М. Кржижановского (помогшего ей самой), передать эти письма ,,выше'', — как Лев Николаевич будет на свободе. Анна Андреевна написала еще одно заявление и поступила с ним так, как советовала NN.

Ничего не воспоследовало.

Только через много недель NN призналась, что Кржижановский письма не принял и был возмущен, что к нему обращаются с просьбами об Ахматовой, ,,упадочном поэте'', в то время, как в его заступничестве нуждаются члены семейств партийных вождей, погибших в ежовские и бериевские времена. Письмо Ахматовой осталось где-то в Москве, у матери Н. И. Г., и мы к ней поехали. Анна Андреевна была оскорблена тем, что ее письмо о сыне лежало в чужом доме в открытом ящике стола, и было возвращено ей только тогда, когда она сама за ним пришла.

За это время академик Василий Васильевич Струве написал от своего имени ходатайство, характеризуя Льва Николаевича как талантливого ученого-востоковеда. Он оставил пустое место для обращения, вручил свое письмо Анне Андреевне с тем, чтобы она воспользовалась им по своему усмотрению. Но случая подать его еще не было.

В конце декабря 1954 г. Ахматову выбрали делегатом на съезд писателей. Не помню, знал ли об этом Лева, но перед открытием съезда я получила от него телеграмму (переписка лагерников уже не ограничивалась, Лева находился теперь под Омском). Телеграмма гласила: ,,Напомните маме обо мне похлопотать''. ,,Напомните''... Как будто она могла хоть на минуту о нем забыть!

После заключительного заседания съезда в Кремле был назначен прием. Анна Андреевна не знала, следует ли ей идти, и чтобы предупредить неловкость, сказалась больной. Но к ней в номер (делегаты жили в гостинице ,,Москва'') пришел председатель ленинградской делегации и еще кто-то, сказавшие: ,,вставайте, надо ехать в Кремль''. Она поехала.

Лев Николаевич и его друзья-солагерники воображали, что Ахматова крикнет там во всеуслышание: ,,Спасите. У меня невинноосужденный сын!'' Лев Николаевич не хотел понимать, что малейший ложный шаг Ахматовой немедленно отразился бы пагубно на его же судьбе. Вместо этого наивного проекта, Анна Андреевна переговорила на съезде с Эренбургом. И он взялся написать ,,наверх'' об Ахматовой (она уже была делегатом съезда, не забывайте), приложив письмо Струве о ее сыне.

Перед самым Новым 1955 годом я проводила Анну Андреевну к Эренбургу на его московскую квартиру. После новогодних праздников он сообщил ей, что выполнил свое обещание, причем написал письмо на бланке депутата Верховного Совета СССР и направил его вместе с ходатайством Струве лично Н.С.Хрущеву.

Прошел январь, февраль, март — ответа не было.

Молчание Хрущева Эренбург принял как знак немилости к себе. Анне Андреевне говорить с Ильей Григорьевичем на эту тему было невозможно.

Весной, по советам бывалых людей я пошла в Приемную Главной Военной Прокуратуры (ул. Кирова, 41) справиться, не переслано ли туда письмо Эренбурга из Секретариата Хрущева. У меня была доверенность Ахматовой, но начальник Приемной не оставил ее у себя и предложил мне явиться через месяц — в более быстрый срок справки не наводились. Через месяц, выстояв как всегда целый день в очереди, я получила ответ: ,,Да. Поступило. Жалоба пришла 19 апреля, запишите № дела Гумилева (7-50043-49), оно взято под особый контроль, проверяется, раньше чем через месяц не приходите". Я ходила каждый месяц, а иногда по мере надобности и чаще. В июле мне сказали, что дело Л.Н.Гумилева только сейчас поступило в Главную Военную Прокуратуру из Союзной.

Чтобы ускорить дело, Анна Андреевна решила обратиться к М.А. Шолохову. Она мне рассказала, что в прошлое ,,сиденье" Левы (по делу 1938 года) Шолохов присылал к ней человека с предложением хлопотать об его освобождении. Но вскоре началась война и нельзя было ничего предпринимать.

Теперь Анна Андреевна хотела напомнить Шолохову о его былом намерении.

Ардову удалось узнать номер телефона московской квартиры Шолохова, и когда он приехал сюда летом из своей станицы, Ахматова позвонила ему, получила приглашение и была принята с почетом. Раза два после этого Анна Андреевна звонила Шолохову в назначенное время и получала ответ: ,,проверяют", ,,подняли дело" и т.п. Затем Шолохов уехал.

Между тем, Н.Я. Мандельштам пошла на прием к первому секретарю Союза Писателей А.А. Суркову, чтобы просить помощи в своем трудоустройстве и говорить о литературном наследии Осипа Мандельштама. Она вернулась ликующей и, рассказывая о беседе, коснулась ахматовского дела. По ее тогдашним словам, А. Сурков, возмущаясь былыми нарушениями законности, заговорил об Анне Андреевне: ,,А как настрадалась Ахматова, пока не вернулся ее сын". — ,,Как вернулся? Он до сих пор в лагере", — вскричала Надежда Яковлевна. — ,,Не понимаю, почему же Ардов мне сказал, что сын Ахматовой уже реабилитирован?" — недоумевал Сурков и хотел тут же позвонить Ардову, чтобы выяснить недоразумение и, получив от него необходимые ориентиры, начать действовать от имени Союза писателей. Н.Я. его остановила, сообщив, что этим делом занимается не Ардов, а Герштейн, у которой и можно получить необходимую информацию. Сурков попросил меня придти к нему на прием в Союз вместе с Н. Мандельштам, что и произошло на следующий день. Вскоре она уехала в Чебоксары, приглашенная на работу Педагогическим институтом, а я продолжала поддерживать связь с Сурковым, сообщая ему о ходе дела в Прокуратуре и пр.

Тем не менее, дело двигалось медленно, вернее совсем не двигалось. Наблюдались неприятные симптомы. Например: через какие-то интервалы времени Анна Андреевна вновь звонила Шолохову и ей казалось, что с каждым разом голос его становился все мрачнее и мрачнее. В то же лето 1955 г. у нее установилась связь с известным востоковедом Николаем Иосифовичем Конрадом. Но несмотря на его усилия, ему тоже не удалось добиться хотя бы одного обнадеживающего слова. Кажется, я даже не рассказала Анне Андреевне об одной неудачной попытке Конрада. Он был прикреплен к Кремлевской поликлинике и к нему приезжал врач, лечащий также П.Н.Поспелова, секретаря ЦК, руководителя идеологической работы, академика. Конрад попросил своего лечащего врача передать Поспелову письмо, в котором ходатайствовал о пересмотре дела востоковеда Л. Н. Гумилева. Врач передал просьбу Конрада, Поспелов прочел, но ничего не ответил, ни устно, ни письменно.

Анна Андреевна познакомилась с Конрадом, когда работала над переводами из корейской и китайской поэзии для Гослита. В это время началось издание многотомной Всеобщей истории, и Конрад хотел привлечь к участию в этой работе Л.Н. Гумилева, не дожидаясь его освобождения (с крупными специалистами это иногда делалось). Особенно горячо отнесся Конрад к Гумилеву, когда прочел его рукопись (20 листов) по истории Срединной Азии, которую Лев написал в лагере и ухитрился переслать мне в октябре 1955 года.[2] Перепечатав на машинке, я отнесла ее Конраду. С какой нежностью он держал в руках, как будто взвешивал каждую, четыре красные папки, в которые я вложила рукопись! Но, как видим, рекомендации и усилия этого авторитетного ученого не дали желаемого результата.

К концу 1955 года относится еще одна попытка, сильно подействовавшая на Ахматову.

В этот период она как-то особенно сблизилась со своими старыми знакомыми — поэтами Георгием Аркадьевичем Шенгели и Ниной Леонтьевной Манухиной. Я нередко посещала вместе с Анной Андреевной этот дом и наблюдала, какой теплый прием ей здесь оказывали. У Г.А.Шенгели по воскресеньям бывал друг его детства — писатель С.И.Малашкин. Он каждый день обедал в какой-то закрытой столовой вместе с прокурорами. Он переговорил об Ахматовой с Заместителем Генерального прокурора СССР Мишутиным. Мишутин назначил Анне Андреевне день приема (22.XII.55). Разговаривая с ней, он перелистывал толстое дело и по словам Ахматовой с каждой минутой становился все мрачнее и неприступнее. Когда Анна Андреевна убедилась, что он ничего даже не обещает, она спросила:,,А можно ли по закону два раза отбывать наказание за одно и то же преступление?" Прокурор ответил: — ,,Можно".

Так рассказывала мне Анна Андреевна, когда мы уже вышли из здания Прокуратуры на Пушкинской улице. (Я ждала ее у секретаря перед входом в кабинет Мишутина, мне тоже был выписан пропуск). Пока мы дошли до стоянки такси на Советской площади, у Ахматовой начались сильные боли. В машине ей стало совсем плохо. Дома (на Ордынке у Ардовых) она сразу слегла. Вскоре ее отвезли в больницу, оказалось — аппендицит, но на операцию врачи тогда не решились.

В том же декабре Анна Андреевна просила меня поехать в Ленинград к профессору М.И.Артамонову, тогда директору Эрмитажа, хорошо знавшему Леву со времен его юности: он брал его с собою на археологические раскопки. Анна Андреевна давно стремилась обратиться к Артамонову, но ее всегда энергично отговаривала от этого NN: ,,он коммунист, и ему неудобно". Но теперь характеристика Левы, написанная Артамоновым, была необходима Ахматовой, и вот почему.

Еще в сентябре В.В.Струве получил письмо от своего бывшего ученика, освободившегося из лагеря, где он два года сидел вместе с Львом Николаевичем. Он писал Василию Васильевичу о своем друге: ,,Все его несчастье в том, что он — сын двух известных поэтов-неудачников и обычно его вспоминают в связи с именами родителей, между тем, как он — ученый и по своему блестящему таланту не нуждается в упоминании знаменитостей, чтобы его признали".

Струве передал Анне Андреевне копию этого письма вместе со своим вторым ходатайством. Последнее было им составлено при помощи проф. Б.В. Казанского, дочь которого очень любила Анну Андреевну. Ахматова была тронута усердием обоих ученых и отозвалась ласково: ,,Старики потрудились".

Помимо письма Струве в распоряжении Ахматовой было также письмо историка и археолога А.П. Окладникова. Но несмотря на то, что имена этих крупных ученых, говорили сами за себя, Анна Андреевна желала получить подобное письмо от М.И.Артамонова, потому что он хорошо знал ее сына и как человека и как ученого. Аттестация Льва Николаевича была нужна Анне Андреевне не только в интересах дела, но и для удовлетворения душевной потребности: она неоднократно мне жаловалась, что за ее спиной о ней говорят, как о несчастной матери никудышного сына, а Леву представляют чуть ли не уголовником. Это терзало ее сердце больше, чем вечные укоры мнимых друзей Льва Николаевича, воображавших, что о нем никто не хлопочет и приходивших к Анне Андреевне со своими смехотворными или запоздалыми советами. Особенно курьезны были два доброжелателя: первый, актированный бывший заключенный, который называл фамилию одного из мелких чинов в Приемной Главной Военной Прокуратуры и уговаривал Ахматову обратиться к нему — и тогда, уверял этот простодушный человек, Лева непременно будет дома: так уже было с каким-то их товарищем.

Другой, считающийся родственником Левы, и не пославший ему, по выражению Анны Андреевны „ни обгорелой спички", пришел к ней (это было в моем присутствии), вынул бумажку с адресом „ул. Кирова, 41" и указал на Главную Военную Прокуратуру, как на панацею от всех бед. Как ни оскорбительно было это недоверие к ней, Анна Андреевна и виду не показала своему собеседнику, что он говорит вздор.

Итак, я поехала в Ленинград, к Артамонову.

Прочитав письмо Ахматовой, он долго молчал, прежде чем выговорил: „Я очень рад, что Лев жив. Я считал его погибшим".

Он написал вдумчивую и пространную характеристику Льва Николаевича, ходатайствовал о пересмотре его дела и оформил эту бумагу официально, беря на себя ответственность за каждое свое слово.

Я вернулась домой в конце декабря 1955 года.

Все три бумаги (Артамонова, Струве и Окладникова) были немедленно отнесены мною в Военную Прокуратуру для присоединения к делу Л. Гумилева. Разумеется, я сняла с них копии, так как Анна Андреевна обязательно хотела познакомить с ними всех, кто принимал участие в хлопотах. У меня сохранилось даже ее неотправленное письмо к М. А. Шолохову. Она посылала ему копии, — „может быть, они Вам пригодятся. Во всяком случае, я хочу, чтобы Вы их прочли и знали за кого Вы просите", — писала она (16 января 1956 г.). Это письмо не понадобилось, потому что Шолохов вскоре приехал в Москву. Но Анна Андреевна в это время лежала в больнице и не могла сама ни поехать к нему, ни позвонить. Она поручила это сделать мне. У меня создалось впечатление, что, услышав мою незнакомую фамилию, он ответил неприветливо, я сбилась, и Шолохов нетерпеливо оборвал меня: „Ну, я уже слышал, что Ахматова в больнице, а дальше что?" Впрочем, он назначил мне день, чтобы позвонить ему после того, как он вновь наведет справки. Но Анна Андреевна запретила мне это делать: „Ему говорят, что писатель, товарищ, лежит в больнице, а он отвечает ,я уже слышал'. Не звоните больше, он ничего не сделает". Так и остались недоставленным Шолохову копии писем ученых о Льве Николаевиче.

К Суркову я пошла, дождавшись ответа Льва Николаевича на мой запрос. Дело в том, что в предыдущий мой визит Сурков сказал: „Дело с Л. Гумилевым, видимо, очень сложное. Вероятно, он в чем-то виноват". Я хотела ему возразить, точно указав на формулировку обвинения, но этого-то мы как раз и не знали. Ленинградский прокурор 50-го года и не думал посвящать Ахматову в такие тонкости, Лева сам в письмах к матери сообщал, в чем его обвиняют, но в общих чертах. А мне в Прокуратуре ни за что не хотели назвать его статьи. Как только Л.Н. мне ее сообщил, я, захватив копии характеристик, пошла к Суркову.

Из уважения к Ахматовой он всегда принимал меня в первую очередь, но встретил так: „Знаете, мясорубка мясорубкой, нарушения законности, конечно, были и в деле Л. Гумилева, но все-таки он, видимо совершил государственное преступление".[3] — „Нет, не совершил", — — могла я сразу ответить с легким сердцем, потому что в руках у меня было Левино письмо от 19. XII. (1955). Он писал: „Еще удивительнее для меня, что Вы до сих пор не знаете моей статьи. Вот она: 17-58-8,10. Содержание дела: дважды привлекался: в 1935 г. с составом преступления — разговоры дома — и в 1938 г. „без состава преступления, но будучи осужден, считал свой арест ничем не оправданной жестокостью". Считал, но не говорил. Осужден в 1950 г. как „повторник", т.е. человек, коему решили продолжить наказание, без повода с его стороны (т.е. с моей). Вот и вся официальная часть программы. Выяснять тут нечего и поэтому, если дело не движется, т.е. не дает результатов, значит лежит и дожидается резолюции какого-то высокого решителя".

С содержанием всех документов я ознакомила А.А.Суркова, и он тотчас снял телефонную трубку и позвонил при мне заместителю Военного Прокурора Терехову. Это имя было нам уже известно: о Терехове говорили в Москве, что он прикомандирован Центральным Комитетом к Военной Прокуратуре, чтобы ускорять и контролировать проверку дел осужденных так называемой „тройкой", т.е. Особым Совещанием. Эти дела были выделены в специальную группу, к ней относилось и дело Льва Николаевича, что ознаменовалось даже переменой индекса: не 7-50043-49, как было раньше, а 12-50043-49.

Разговор с Тереховым А.Сурков начал с имени Ахматовой, о которой он сказал ряд одобрительных слов: о ее поведении на встрече с оксфордскими студентами, о том, что она была делегатом на Съезде писателей, о ее выступлении в *Огоньке* и переводческой работе. Далее он остановился на судьбе Гумилева-поэта: у него, мол, был сложный путь, приведший его к контр-революции, „мы его расстреляли, а вот сыну его", продолжал Сурков, „тогда шел девятый год, теперь это взрослый мужчина, ученый", и тут Сурков дал Льву Николаевичу характеристику, основанную на лежащих перед ним копиях писем ученых.

И все-таки в Прокуратуре я не чувствовала сдвига. Я была у начальника следственной части Главной Военной Прокуратуры о чем я уже упоминала. Перед ним тоже лежало толстое дело, перелистывая которое он ссылался на обилие материала, подлежащего проверке. Лицо его было непроницаемо, и только, когда чуть-чуть извиняющимся тоном он указал на главный камень преткновения — отказ Прокуратуры СССР 1954-го года — в нем промелькнуло что-то человеческое. Зато он заметно оживился, когда я сообщила ему, что Лев Николаевич лежит в больнице после операции. Может быть, он подумал о возможности актировать Гумилева?

Вскоре открылся XX съезд партии. Когда после его окончания

я вновь пошла в Прокуратуру, все переменилось.

Меня встретили почти радостно: в первом же заседании, сказали мне, приговор будет опротестован и при этом самим Генеральным Прокурором СССР. Я не помню деталей этого разговора, но вот передо мной письмо Левы, где он пишет: ,,Сегодня пришла Ваша открытка от 1.III. Я потрясен радостью, даже чуть-чуть заболел от нее. Это как будто Воскресение''.

Анна Андреевна не могла больше ждать, ее охватило нетерпение. Она написала письмо А.А.Фадееву, он лежал тогда в больнице, и я помчалась на проспект Калинина. Не успела я вернуться из пропускной Кремлевской больницы на Ордынку, как Фадеев уже позвонил Анне Андреевне и просил ее придти к нему. Он показался ей очень смягченным. Ей было слегка неловко, что она обратилась к Фадееву, в то время, как от Союза Писателей за нее ходатайствует уже Сурков, но Фадеев отнесся к этому добродушно: оба, мол, еще лучше: ,,один подкрепляет другого''. 2 марта 1956 г. Фадеев послал в Главную Военную Прокуратуру то письмо о Л.Гумилеве, которое напечатано в № 12 *Нового мира* за 1961 год.

В следующий раз, когда я пришла в Прокуратуру, я узнала, что Руденко, Генеральный Прокурор, уехал на процесс в Баку и нужно дождаться его возвращения. И только 9 мая мне сообщили в Прокуратуре, что протест Руденко уже ушел в Военную Коллегию Верховного Суда СССР и недели через две надо будет начать справляться там. Я немедленно написала об этом Леве, но авиаоткрытка пришла обратно с надписью: ,,адресат выбыл 14 мая''. Что случилось?

По решению XX съезда на места выехали (или были там же созданы, я не знаю) специальные, так называемые ,,микояновские'' комиссии, чтобы ускорить возвращение домой заключенных, дожидающихся реабилитации. Такая комиссия, как уже говорилось, отпустила и реабилитировала Л.Н.Гумилева. 15 мая он был уже в Москве и вскоре уехал в Ленинград.

А заседание Верховного Суда, своим чередом отменившее приговор Л.Гумилеву, состоялось через три недели. Об этом мы узнали из официального извещения, присланного Ахматовой на мой адрес. Привожу копию:

Прокуратура	Гр-ке Герштейн Эмме Григорьевне
Союза Советских	Москва Б-93, Б. Серпуховская, д. 27
Социалистических Республик	кв. 67
	(для гр-ки Ахматовой А.А.)

Главная Военная Прокуратура

30 июля 1956 г.
12 № 50043-49
Москва, центр, ул. Кирова, 41

Сообщаю, что дело, по которому в 1950 г. был осужден ГУМИЛЕВ Лев Николаевич, проверено.

Установлено, что Гумилев Л.Н. был осужден необоснованно.

По протесту Генерального Прокурора СССР определением Военной Коллегии Верховного суда СССР от *2 июня 1956 г.* постановление Особого Совещания при МГБ СССР от 13 сентября 1950 г в отношении ГУМИЛЕВА Льва Николаевича отменено и дело на него за отсутствием состава преступления прекращено.

**Военный прокурор отдела ГВП
Подполковник юстиции**

п/п (Кураскуа)

Лев Николаевич оценил важность этой второй, юридически обоснованной реабилитации. 5 августа 1956 г. он писал мне из Ленинграда: „Ваша новость меня очень обрадовала: пришлите мне бумажку, так, чтобы я ее получил 12 августа. Это более, чем приятно". Я поторопилась, потому что 12-го он рассчитывал приступить к работе в Эрмитаже. А 13 августа 1956 г. Л. Н. вновь пишет мне из Ленинграда:

Сегодня я ходил в Большой Дом по повестке и там мне прочли полностью определение Верховного Суда и научили меня как запросить, что я и сделал сегодня же. Это очень хорошо, и постановление, вернее справка, мне будут очень полезны. Там же меня научили как добиваться трудоустройства и были обаятельно любезны. Всегда бы так... С сегодняшнего дня у меня чувство огромной облегченности...

Плод Ваших стараний
живой Лев...

Вскоре подала заявление в Прокуратуру СССР и вдова Осипа Мандельштама.

За ответом ей пришлось явиться уже осенью. Надежда Яковлевна волновалась и просила меня пойти вместе с нею. И вот я опять на Пушкинской улице, стою в коридоре, как это было в

1940 г. и в 1955, когда я поджидала Анну Андреевну, а теперь поджидаю Надежду Яковлевну. Очереди уже схлынули и ждать пришлось недолго.

Она вышла из кабинета и рассказала: женщина-прокурор показала ей тоненькое дело Осипа Эмильевича: в 1937-1938 годах Мандельштам нарушал паспортный режим, т.е. часто ночевал в Москве и Ленинграде, где не имел права жить после возвращения из воронежской ссылки. Вдобавок, иронически пожимая плечами, читала прокурорша, он ходил по редакциям и забрасывал их своими стихами. Осуждение его за такие „преступления" на 5 лет лагерей признано незаконным, и Мандельштам посмертно реабилитирован. Что касается его первого ареста, когда в 1934 г. он был выслан на три года за резкую эпиграмму на Сталина, то это дело, как я тогда поняла Надежду Яковлевну, не было поставлено на пересмотр.

Мы вышли из Прокуратуры, купили по дороге бутылку вина, сели в такси и поехали к Н.И.Харджиеву. Там с возгласами: „дожили, дожили" Надежда Яковлевна обнималась и целовалась с нами.

Москва
январь 1973

ПРИМЕЧАНИЯ

1. Надежда Мандельштам. *Воспоминания*. изд-во им. Чехова, 1970, стр. 229, „Вторая книга", YMCA-Press, Париж-Нью-Йорк, 1972, стр. 658-660.

2. Это рукопись легла в основу книги Л.Н.Гумилева *Хунну*, вышедшей в 1960 году.

3. Н. Мадельштам передает слова А. Суркова о Л. Гумилеве: „У Гумилева, наверное, есть какое-нибудь дело, — сказал мне в 56 году Сурков. — Такого отца расстреляли. Он, должно быть, хотел за него отомстить..." (*Воспоминания*, Нью-Йорк, 1970, с. 229) или „С Гумилевым дело сложно — он, вероятно, мстил за отца" (*Вторая Книга*, П., 1972, с. 660). Это неверно: никаких разговоров о Л. Гумилеве Н. Мандельштам с А. Сурковым больше не вела, поскольку это дело было поручено мне. А подобная фраза была сказана самому Льву Николаевичу совсем другим лицом, в другой обстановке и в другую эпоху — в 1933 г.: „Мы расстреляли вашего отца. Вы, наверное, нас сильно ненавидите". На что 20-летний Лев ответил: „Это как на войне. Ведь у сыновей убитых на войне — ненависти к государству нет" (слышала от А. А. Ахматовой и Н. И. Харджиева).

AN INTERVIEW WITH VICTOR GORENKO

In late 1973, a young scholar gave the editors of RLT an address on a slip of paper, saying that Akhmatova's brother might be alive and living in Brooklyn. This amazing piece of information turned out to be accurate, and after an exchange of letters, the editors of RLT traveled to New York to interview Mr. Victor Andreevich Gorenko. The interview took place in the Regency Hotel on March 3, 1974. Present were Mr. Gorenko, his wife Catherine, Ellendea and Carl Proffer. Some ninety minutes of the interview were recorded; the tape was supplemented by notes made by the editors, and later by a questionnaire which Mr. Gorenko filled out. The interview which follows is a combination of the taped conversation (edited and reordered) and the questionnaire.

This interview was originally published in No. 9, 1974 of RLT. Victor Gorenko died in New York City, February 4, 1976. He is survived by his wife Catherine. Many of the family photographs in this volume were supplied by Mrs. Gorenko.

Victor A. Gorenko in New York

Victor Andreevich, when was the first time you knew that your sister was writing poetry?

When she was in Tsarskoe Selo. My brother was there too; he was nine and a half years older than me. He was close to finishing high school. And one day he came, and with him came Nikolai Gumilev, who was one year older than my brother. That was the first time. Nikolai Gumilev was interested in my sister.

What year was this?

Oh, let's see, it was 1904. I was about seven years old... Gumilev was a man of great talent. And he was a gentleman. But you see, my sister...there was always around her three or four men who wanted to invite her to some dance or some dinners.

She was popular?

She inherited maybe something from my father. But after many years... You see, my father was always without money. Because he was a terrific spender. If he saw some good-looking lady he would try to find out her name, someone to introduce him to her, and he would invite her to the most expensive places. He was...one in a million.

Do you remember any specific incidents with your father?

When we lived in Tsarskoe Selo, and I was a little boy of about five and a half, my father would go for walks along the streets and in the parks and he would take me with him. Once we were walking along the sidewalk and up to him came a carriage drawn by two huge dark horses; a beautiful and chicly dressed woman got out of the carriage and asked my father, "Andrei Antonovich, is this your youngest?" My father took off his hat, bowed politely, and said, "Yes, the youngest." The lady asked me what my name was. I replied, "Victor," she bent down, kissed my cheek, got back into the carriage, and when the carriage started away I saw that there was a Court lackey in full uniform sitting alongside the driver. When we were returning home my father said, "If anyone asks you if we saw anyone or if we talked to anyone, you say that we didn't see or talk to anyone." Seventy years have passed, a whole lifetime, but I still don't have the slightest idea who the lady was.

From your tone you obviously remember him with great admiration. What was there apart from the extravagance that you remember him so fondly for?

Well, they considered him to be a smart man in St. Petersburg, Russia. That was something, you know; they considered him a smart man. But, of course, when we lived in Tsarskoe Selo... Another man was there. There was a man named Galakhov, Leonid Galakhov. And we knew that he was the illegitimate son of my father. He looked exactly like my older brother. Like this. *[Victor Andreevich turns to show the familiar Gorenko Greek profile.]*

Do you know who Galakhov's mother was? And what did he do?

She was an acquaintance. Leonid was a graduate of the College of Agronomy.

Do you know what happened to him later?

No... There were hundreds of ladies. My father was terrific in this respect. And he owed a lot of money to everybody, and when he died this was not paid. He was a great spender and terrific runner after ladies.

You think your sister inherited some of this?

To a certain extent she inherited from him, yes.

Did she like him?

Well, you see... Very difficult. For me it is very difficult to say.

Well, did Anna Andreevna and he get along well generally?

Yes.

Do you remember any conflicts between them?

Maybe my father had the opinion that Anna is too modernistic. I do remember an incident where Anna wanted money for some kind of new coat. My father refused to buy it, and she took off her clothes. She started hysteria. But she didn't say anything.

Do you think she was closer to your mother or your father?

About the same.

What did your family think about her poetry?

Oh, they liked it.

Did they encourage her to write?

Yes. After she married Gumilev she left, of course...

But she was writing before then.

Oh, she had been writing since she was thirteen years old.

Did anyone from the family go to the wedding? Was it private, or a large wedding?

I didn't go—but others went. I was young and stayed home most of the time.

Did your father go?

No. My father was in St. Petersburg—the wedding was in Kiev.

What else do you recall about your father?

You see, my father was a man, one in a million. He was a man of many qualities—good and bad. As I said, he was a terrific runner after good-looking ladies, and a terrific spender of money. And he was always flat broke despite the fact that he received a very big salary for that time.

He was a military engineer?

He started his career in the navy, and he was one of the lecturers in the Naval Academy.

Was that the reason for moving to St. Petersburg?

No, he moved to Petersburg before. But you see what happened, he was friendly with a Lieutenant Nikitenko, and this Lieutenant Nikitenko was a specialist in explosives. And finally, you know, he made a dynamite bomb which he gave to revolutionists, and it was used by terrorists to kill someone in the Tsar's family. And this Lieutenant Nikitenko was hanged in the inner court of the Petropavlovsky Fortress. And after the gendarmes called my father, who was a young man at the time, and they asked, "Did you know Lieutenant Nikitenko?" He answered, "Yes, I knew him." "Were you on friendly terms with him?" "Yes." And after that the commander of the gendarmes demanded the Secretary of the Navy to retire from the naval service Lieutenant Gorenko without any pension, without anything. He was a young man. This was before 1896, because my father was dismissed long before I was born. But he joined the state control department (it is called in Russian *gosudarstvennyi kontrol'*), and they made him a big man, and he made very big money, salary, according to that time. And we lived in Tsarskoe Selo, the second house from the railroad station.

What do you know about your father's politics?

He never liked revolutionists.

What else can you tell us about the family?

I had sisters Inna, Anna, Iya, and brother Andrei. My father knew so many ladies—but there was one lady. There was a Rear Admiral Strannolyubsky. And this Elena was his wife, and after that his widow—she considered my father to be like her property. She was a graduate of Oxford University, which was very rare at that time. And finally in 1905 when my father had to retire, she decided: take your family and send them to the Crimea, there's a better climate there—and you stay with me. And so he did. And we lived in Evpatoria. And then in Sebastopol. And after that in Kiev.

When I was fourteen years old I started to try to make money—I was entirely different than my father. I wanted to make money, and my mother hated all people who were greedy for money. And as a result of all this my mother and my brother Andrei decided to get rid of me.

Were you doing something illegally?

No, legally, legally. There was a Jew in the courtyard where we lived, and he said he wanted money. And I had some money in postal savings, so I told him I had it and we made a business deal. There were a lot of contractors working in Kiev building houses, and they gave him an order for glass windows... So I was fourteen, and I thought, why not? And we started it after school. But it created such an impression on my mother that she started to dislike me.

What about Anna Andreevna?

Anna Andreevna lived in Tsarskoe Selo at that time—we lived in Kiev. When I was fifteen years old they gave me fifteen rubles, went to the railroad station, bought me a ticket, and said, you go to visit your father for a couple of days. You see, a couple of days. —When I came, Mrs. Strannolyubsky, she was more or less friendly to me. He was staying with Mrs. Strannolyubsky. And then I was in a high school for one year in St. Petersburg. And then Mrs. Strannolyubsky decided I should take the examination to get into the Naval Academy. It was very difficult to get in, because there were only eight vacancies.

Did you really want to go in?

Yes, I was agreeable. When I was fourteen years old I had come to the conclusion that Russia belongs to the so-called undesirable countires. And I wanted to run away to London, but in Tsarist Russia, in my schools, they taught French and German—but in the Naval Academy they taught English. So... There was a very well known tutor who worked with me all summer, and I took it. There were sixty-seven young gentlemen who wanted to get in, several of them titled. Well, when the examination was finished, I was ninth—in other words, no chance. But the Secretary of the Navy decided that Wilhelm Hohenzollern was becoming so insolent in Europe, and there were many drop-outs, that we might need extra officers, so let's take twelve instead of eight. And I got in, and Count Tolstoy, the grandson of Leo Nikolaevich, got in. And I slept on a bed with a bronze plate on it that said it was the bed of Midshipman Rimsky-Korsakov before. What language did I have to speak all my life? —English.

If one were in the USSR, what are some places one might look for family documents?

The Naval Academy class of 1916 at least.

Was there ever a time when the brothers and sisters and family generally were all together?

Well, in Tsarskoe Selo. My mother spoke French to the children, especially the girls. But she had her own thing—she hated everybody who liked to make money, you know, everybody stingy.

What kind of education did Anna have?

High school, and the Law School of the University of Kiev.

What kind of education did you have before the age of fourteen? Tutors? Public schools?

I went to schools like other boys.

Was anyone in the immediate family especially musical?

No.

Especially athletic?

No.

You said your mother hated money and stinginess—what did she like?

Oh, very difficult to say, very difficult.

Was she religious?

A little bit, yes, a little. But at the same time she was a revolutionary woman.

Was there literary interest anywhere else in the family? Did anyone read a lot?

All members of the family were readers, but none wrote except Anna. But there was Innokenty Annensky in Tsarskoe Selo. He was a very talented man and a gentleman. From Annensky and from Gumilev she acquired that spirit to write poetry.

Who taught Anna to read?

Kindergarten.

Do you remember any books, any specific titles, around the house?

They were mostly all in French.

But your mother didn't read a lot?

She read a lot in French. You see, my mother lived in good conditions until the Revolution. After the Revolution she suffered. And all the Russian people suffered plenty. If I had stayed in Sebastopol I would have been shot. And when I went to Sakhalin I was surprised that they didn't know anything about the Revolution...it hadn't come yet. —I would be in very poor condition now if I didn't have a little ability of my grandfather in me, like other so-called former Russian emigres, but I went to work on Wall Street and was able to purchase some securities of commercial banks. —You see, different people, different opinions. My own mother, as I said, hated everyone who tried to make money.

Because of your father perhaps?

After her father's death, she came to St. Petersburg, and became a student of the Bestuzhev courses. There were *bestuzhevskie kursy;* they were famous for young ladies. And two students told her, this was approximately 1880, we want 2200 rubles to make a terrorist act, to kill the Tsar. And we want you to give us this money. And she did. She went to the bank and she gave it to these students. My mother. She told me about it—it was not a secret.

    I remember when the Communists took over they stopped her pension, and she was hungry and starving. You must understand that Russia was always an undesirable country.

What was your mother's maiden name?

Her family name was Stogov. Now if you like I can tell you a little about my mother's family.

What kind of background was it?

Erazum Ivanovich Stogov, after graduating from the Naval Academy, was appointed on a wooden ship which went under sails around the world. It was seven years after this in Vladivostok, Siberia—he was walking on Svetlansky St., the main street, and he came to a cafe. And there were two men sitting there, and one was telling the other, "My brother writes to me that for the skin of a Kamchatka sable fur dealers in London pay 50 gold sovereigns." My grandfather, when he heard it, it created a big impression on him. So after he heard that the Naval Department wanted to open in Petropavlovsk, on Kamchatka, a temporary Naval port, he volunteered to go there. —In Kamchatka he started to purchase sable skins and mail them in insured parcels to St. Petersburg, to three of his friends. He was in Kamchatka for twenty years, and after leaving Kamchatka came to St. Petersburg. One of his men turned out to be an embezzler; two others turned out honest, and he received from them big money. He retired from the Navy and came to Kiev. He married the daughter of Motovilov and started to purchase land and plant sugar beets for refineries. He had five daughters, and when he died they considered him one of the richest men in the Ukraine. He was all his life a miser, never gave any money to girls, and after his wife died had a London governess who had a full right to punish the girls using corporal punishment. He died in his nineties.

* * *

Let's go back to the period before the Revolution when Gumilev and Anna were together. What do you know about this?

It was in Paris, mostly all students of the Sorbonne, and others like Modigliani. Modigliani was not a student, but he belonged to the same company. They all spoke French, of course with terrible accents, and there was nothing monarchist about them. They were just a bunch of young people sitting in cafes on the Champs Elysées and drinking if they had money. Well, Modigliani, if somebody wanted to buy his canvas, he was very happy to buy a couple bottles of cognac and then get drunk.

Normal young people, in other words?

Yes. My sister, she... When Gumilev was not there, and Modigliani, well, you know...

What about Gumilev? Did he have other girl-friends after the marriage?

Well, Gumilev was a very fine man, and I loved him, but of course he quarrelled with my sister. But I wouldn't say about him that he ran after every woman in the street.

Do you know what they quarreled about?

This I cannot tell you, I don't know.

Do you know anything about a time when Nedobrovo came to the Crimea to visit Anna?

He had left his wife to come and visit her. I told my sister that it may be not very nice. I never told anything to Nedobrovo.

Did you meet Nedobrovo?

I met him in Tsarskoe Selo.

Do you remember anything about the infancy of Gumilev and Anna's son?

After the birth of their child, Anna and Gumilev were very happy. Lev was very small. Anna was a good mother, and Gumilev a good father.

Do you know anything about Gumilev's death?

There is one thing. I know only that if among Americans who are interested in Russian literature it were known why they put Gumilev against the wall and shot him, it would make his descendants very happy. It is wrong that he was a monarchist—he never was. When the Revolution came, the Tsar existed—but you know who supported him? Nobody. When the Revolution came in February. Like Mr. Nixon exists—but he has no support from anybody. —I knew Nikolai Gumilev very well. Of course, he was ten years older than me. He was a student of the Sorbonne in Paris, and he was in such circles, well, more or less revolutionary in kind—and he was never a monarchist. Here is Gleb Struve from California who wrote in the Gumilev book, and Filippov, and they say that he's a monarchist. It is very sad if this is repeated—people are like parrots to do this. You know, when the Kerensky government collapsed and the Communists took over in Petrograd, they understood very well—it was winter, hunger, epidemics—that they couldn't bring a good life to the people of Petrograd. But there was another possibility—to frighten them and terrorize them. And on account of this Lenin appointed Felix Edmundovich Dzerzhinsky. Cheka! And they started putting people aginst the wall and shooting them in order to frighten and terrorize all people and stay in power through terror. That's why they put Gumilev against the wall and shot him.

Had he said anything in particular?

No, they were just arresting and shooting. Because it was necessary for them to terrorize people so nobody would...so they would be afraid to say a word to their own brother or sister.

The Gumilev family was very nice, and they suffered terribly from the Revolution. Gumilev's mother lived in Tsarskoe Selo. She lived like a great lady. And she was a very dear person. They took everything away from her, they took her property and all.

What were the differences in your reactions to the Revolution?

My understanding is this: if we live in some town, and the town is becoming sick and hungry and becoming nothing to eat and shooting, it is better to go away to some other place. —But to Anna, Petrograd, or Leningrad—there was only one place she loved. So she wouldn't go any place at all. —But you know, when I read in the newspaper about Gumilev being shot, it was terrible!

When was the last time you saw him?

Oh, I saw him before the Revolution, in 1916.

What did your sisters do after the Revolution?

After 1922 my sister Iya died as a result of hunger and tuberculosis. Lenin said if you don't work you don't eat. —Sister Anna stayed in Petrograd and worked in the library of the Agronomy Institute.

And your mother?

You see, before the Russo-Japanese War my father was making 620 rubles a month salary, gold money. When he died, the Tsarist government at once appointed a pension for my mother—157 rubles.

Your father's funeral was in St. Petersburg. Do you remember anyone at the funeral?

Mrs. Strannolyubsky, Anna and I. And our cousin Anatol Gorenko.

And your mother lived on the pension.

Yes, she lived on this money. When Lenin, Trotsky, and Dzerzhinsky took over they said this pension is no more. —How she suffered! Finally, when she came to live with me on Sakhalin, she looked like a ninety-year-old woman.

How did you happen to go to Sakhalin?

Well, you see, I remembered that if I could get some sable skins, I would be able to travel where I want. When the Communists took power into their hands in November of 1917 and I was a young officer in the Black Sea fleet, I understood that I shouldn't sit there in Sebastopol; and I had always known the life story of my grandfather Erasm Ivanovich Stogov, so I immediately left for the island of Sakhalin. The Tsarist government exiled murderers and robbers there, and I understood perfectly well that I could be killed there. A twenty-one-year old youth had to choose which was better—the Cheka or Sakhalin bandits.

This is a photograph of your mother in the Far East?

You see what happened—when I was able to make a little money and build a house of my own, I sent money, and my mother came. Yes, this is my mother. The conditions on Sakhalin were changing and they started to arrest people, confiscate property and so on immediately after 1925. Now it's after she came, three years later in 1929, that I was finally able to run away.

To where?

China. Well, I got from one undesirable country to another undesirable country! And stayed there very many years.

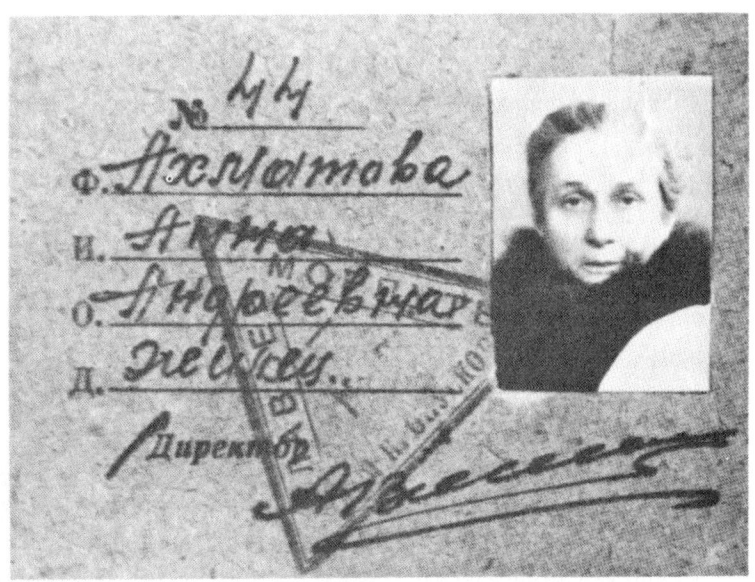

Victor Gorenko with his mother, Inna Erazmovna Gorenko, on the island of Sakhalin.

Shanghai?

Yes. I was in the British merchant marine—second mate, first mate. I stayed in China, and I was able to acquire some money, and was able to run away.

Was this in furs, or something else?

No, working for the merchant marine. But you see, in my life, the eighth of January 1947, I was standing on the deck of the General Gordon, 2200 tons, about six o'clock in the morning we started to sail—"Let go all mooring lines!"—and she started moving down the river. And beautiful Shanghai started to recede. Never to see Shanghai in my life again!

How long had you lived there?

Almost twenty years in China.

Why didn't you like it? Politics?

When I came to Shanghai it was a British colony, and they always asked toughly, "What is your nationality?!" And the result of their foolish policy was that they lost everything, and now British means someone who has absolutely no rights in China. —You see, I never suffered financially, because when I was laid off from the merchant marine, next morning I went to work for James Neil & Co., contractor for the Royal Navy, the U.S. Navy, the French Navy, the Italian Navy. Delivering foodstuffs to the navy. I never suffered financially. But of course I inherited from my Grandfather Stogov stinginess.

What kind of society did you live in there, Russian, English?

You see 55,000 came to Shanghai, but mostly Jewish. And finally what happened—the next day after Pearl Harbor they announced all British and Americans and Dutch must report and get cards. And after that they put them in concentration camps. But us, of course... we were neutral! Japanese did not interfere with us. In Shanghai I saw Vice Admiral Naguma, and Kasegama, who attacked Pearl Harbor.

Did you come directly to New York City from Shanghai?

I came to San Francisco, and I had some friends in Vancouver, B.C., so I went to Vancouver and stayed there several weeks—and then I came from Vancouver to Seattle. So according to U.S. Immigration—they were thinking of different sections in their rules—I was an immigrant from Canada... And after that for nine years they invited me to get out—and finally I married Katerina, so they had no right to interfere with me, and I became a naturalized citizen of the United States.

The Tsarist government—they were nothing but a bunch of dumb guys too—and the Communist government, and the Chinese government. I was all over Viet Nam too. Before only the French were in Viet Nam. I went to Haiphong and other cities, to get coal. Our ship took 8000 tons, and I was all over the country. It's a very rotten country! Damn hot! I had shorts, English stockings, and my light toppers. But it's a very rotten place. And the French! Tshh! What kind of bosses! Didn't allow anything! Such stupid people. The Vietnamese had nothing to say. All this—Korea, Viet Nam, Cambodia, Thailand—if the U.S. were smart, they'd stay absolutely neutral and out of their business.

When I left Russia, I kneeled in front of a crucifix to be as far as possible from all of it—from all of this sickness, all these secrets, reporting on your own brother—I didn't want any of it!

When did this reporting, denunciation, start?

It started even before the Revolution—report, or they send you off to Siberia.

* * *

Did Anna know you were living in the United States?

To my dear sister it was a big surprise to find out that after so many years I am still alive, but anyhow not to make the builders of socialism angry, she decided not to answer my letters. She was like a stone wall—you could do anything you want.

Are you sure she received your letters?

You see, Ilya Ehrenburg told. What I say means nothing, but what Ehrenburg said, that's highly important.

Perhaps she was protecting Lev Nikolaevich?

She quarrelled with him, and for several years he didn't want to see her. You see, she was surrounded by ladies he didn't like—he stopped seeing her for several years. It was very difficult... But what is interesting is I got married here, Katerina and me. I was trying to write my dear sister. After all, in all the world there was from the Gumilev family left only Lev Gumilev, and from the Gorenko family there was only I and my sister—so I was trying to get and start some correspondence with her for ten years. Then, in desperation, I decided to start a little trickiness. Well knowing that the Jewish people love their relatives and will never do things like this, I wrote to Ilya Ehrenburg—and he spoke to her and explained to her, and then she started to write to me.

You see, I loved my sister very much, but that doesn't mean that she loved me, not at all. Of course, we must take into consideration that she lived in very poor conditions. Very poor. If she were a man they would put her against the wall and shoot her. Besides that, her name was well known in the Soviet Union, so they were afraid. But for ten years she didn't answer my letters, but she did receive my presents. For example, when I worked as a guard at Columbia University I met Dmitry Shostakovich and gave him something to take to my sister.

You also worked on Wall Street as a bonded messenger?

Yes, that was where I was able to learn about bank stocks, meet Bernard Baruch, and purchase some securities. Salary was small, but it was a job of possibility.

Mother   Инна Эразмовна   1856 – 1930
Father   Андрей Антонович   1848 – 1915
Grandfather Stogov   Эразм Иванович lived to age of 90
Grandmother Stogov   born Motovitov
Grandfather Gorenko Антон Андреевич
Grandmother Gorenko born Трако (Greek)
Andrei Andreevich   1886 – 1920 died in Athens Greece
Inna Andreevna   1883 – 1905
Iya Andreevna   1894 – 1922
Victor Andreevich   1896 – still alive.

Dates of your own moves:

To Sakhalin 1918
To China   1924
To US   1947

Questionnaire filled out by Victor Gorenko

Lev Nikolaevich Gumilev at the grave of his mother, Anna Akhmatova

Милый Виктор,

чувствую себя очень виноватой перед тобой. Я своевременно получила и твою фотографию, за которую я тебя благодарю, и чудесные нейлоновые чулки. Но мои постоянные переезды из Москвы в Ленинград и из Ленинграда в Москву, а еще больше тяжелая сердечная болезнь и длительное пребывание в больнице - у меня было уже три инфаркта - нарушают нормальное течение моей жизни. О себе мне почти нечего тебе сообщить. Я немного перевожу, в настоящее время - румын, и занимаюсь Пушкиным.

Еще раз благодарю тебя, что не забыл сестру.

Твоя Аня

Все лето буду у себя на даче в Комарове с Ханной. Целую тебя.

7 июня 1963
Москва

No. 1, Letter from Akhmatova to her brother

Милый Виктор,

Как мне было приятно получить Твое доброе письмо.

Благодарю также за предложение посылок. Но ,дорогой брат, это не нужно. Я на такой жестокой диэте, что посылать мне что-нибудь съедобное бесполезно. Что-ж касается одежды, она мне не к чему: Того, что у меня есть, хватит, вероятно ,до конца.

Передать Твой привет Леве не могу — он не был у меня уже два года, но по слухам защитил докторскую диссертацию, и успешно ведет научную работу.

Если выйдет сборник моих стихов, я, конечно, с удовольствием пошлю их Тебе, и, разумеется, с надписью. Сборник 1961 года какие - то сумасшедшие раскупили в несколько минут, и у меня даже нет экземпляра.

Будь здоров.

Крепко Тебя целую Твой сестра Анна

20- ое июля 1963 г.

Милый Виктор,

Посылаю Тебе мою последнюю фотографию. Многие считают её самой удачной. Мне пришло в голову, что я всё же могу исполнить твою просьбу о подписи на стихотворном сборнике.

В этот конверт я вкладываю эту надпись, а Ты купи мою книгу стихотворений и наклей на титульный лист мою надпись.

Будь здоров,

Целую тебя.
Твой Анн.

15 сентября 1963 г.

1 дек. 1964
Москва.

Милый Виктор,

Случилось так, что я потеряла твой адрес и во время не ответила тебе и [не] поблагодарила за твой великолепный подарок — черное кимоно. Я ношу его с особым удовольствием. Сегодня еду в Рим и на Сицилию, где мне вручат премию. Со сроком командировки всего 10 дней. Я, конечно, в большой тревоге, — выдержит ли мое здоровье. Посылаю тебе мою последнюю фотографию — она лучше всех остальных. Передай мой привет твоей жене. Целую тебя

Всегда твоя Анн.

WESTERN UNION TELEGRAM

W. P. MARSHALL, PRESIDENT

SF-1201 (4-60)

CLASS OF SERVICE

This is a fast message unless its deferred character is indicated by the proper symbol.

SYMBOLS
DL=Day Letter
NL=Night Letter
LT=International Letter Telegram

The filing time shown in the date line on domestic telegrams is LOCAL TIME at point of origin. Time of receipt is LOCAL TIME at point of destination.

```
NPC148 (33)BC426
N YVA031 ( CDV207 CTB2062 TLB841) 24 PD INTL FR VIA YV ( MVD
1431 MADISON AVE) CD LONDON LB VIA ITT 10 1055
VICTOR GORENKO CARE LIS OLHEUNKY ( TA3-5542 APT )
     3299 RADIODRIVE BRONXNY
STAYING ONE WEEK HOTEL PRESIDENT RUSSELLSQUARE LONDON CAN CABLE
OR CALL ME TERMINUS 8844
     SISTER ANNA
(25).
```

Милый Виктор!

Сегодня мне принесли три мои молодые фотографии /из хороших/. Мне хочется, чтоб они были у тебя, посылаю тебе их.

Лето прошло неважно, из-за плохой погоды я почти не гуляла и как-то ослабела.

Когда вернусь в город, напишу подробней.

Не забывай сестру. Будь, главное, здоров. Привет моей милой belle-soeur.

Твоя Аня

18 авг. 1965

FS183 712P EST FEB 1 65 (10)SYB546
SY CCU401 RW17 20 PD INTL CD MSCOU VIA WUI 31 1535
LT GORENKO VICTOR ANDREEVITCH
    1820 BROOKLYNAVE BROOKLYN (NY)
ANNA ANDREEVNA BADLY ILL HEART DISEASE HOSPITAL FOR THREE MONTHS
  MOSCOW
    FRIENDS

1820
(00).

СОДЕРЖАНИЕ

Иконография 11

Стихи 51

Поэма без героя 53

„Нас четверо" (автограф Анны Ахматовой) 72

М. Мейлах. **Неизданное стихотворение Анны Ахматовой** 73

Переписка и другие материалы

    Н. Н. Пунин. Письмо к Ахматовой 78
    Б. Л. Пастернак. Письма к Ахматовой.
              Две рецензии 80
    Десять писем Анны Ахматовой
    (Публикация, вступительная статья Э. Герштейн)...89
    Э. Г. Герштейн. Мемуары и факты 103
    Интервью с Виктором Горенко 115